EMOCIONALIDAD

MANUAL DE PRINCIPIOS BÁSICOS

• JOSÉ CARMONA SANTIAGO •

HARVEST BOOKS

EMOCIONALIDAD:
Manual de principios básicos
© José Carmona Santiago2022
© Harvest Books Ltd. 2022

Publicado por:
HARVEST BOOKS Ltd.
Suite LP58738,20-22 Wenlock Road
N1 7GU -London-
United Kingdom
editorialharvest@gmail.com
www.editorialharvest.net

Diseño y composición: Pixxel Connect Snc.
(www.pixxelconnect.com)

Obra protegida por el derecho internacional de la Propiedad
Intelectual.
Safe creative S.L.
Código de registro: 1802152676206

Los versículos bíblicos de este libro son tomados de la versión "Reina
Valera 60" Por la Sociedad Bíblica Internacional. Usado con permiso

CONSIGUE TODOS NUESTROS LIBROS EN:
www.editorialharvest.net

Contacto con el autor:
Facebook: @josecarmonasantiag
Instagram: @ josecarmonasantiago
Email: mao.101@me.com

TABLA DE CONTENIDO

INTRODUCCIÓN

En los días que corren hablar de emociones no es novedoso, cientos de libros acerca de la materia han sido publicados y, por si fuera poco, a todo esto, se ha sumado la producción de películas de productoras multinacionales. En la década de los 90´ emerge el tema de las emociones, al punto de convertirse en trasversal a múltiples disciplinas académicas.

La vida emocional del ser humano es tan importante que no existe una única disciplina que pueda tener el monopolio del tema. Es precisamente gracias a la diversidad de enfoques, lo que ha permitido un paso gigantesco en relación con el mundo emocional. Hoy en día las emociones son objeto de estudio y de ponencias de disciplinas que van desde la Psiquiatría o la Psicología, pero a las que se han sumado muchas otras como puede ser el caso de la Pedagogía y el Trabajo Social.

Si se pregunta: ¿a quién le interesa el tema de las emociones? Pues la respuesta es más compleja de lo que se imagina. Demás está decir que a los profesionales de la Ciencia de la Salud o de las Ciencias Sociales les interesa la temática. Sin embargo, detrás del éxito de padres y madres, empresarios, pastores, profesores, amigos, vendedores y muchos más, está una conducción inteligente de las emociones. Por lo que un manejo adecuado de éstas y el conocimiento de la vida emocional de nuestros semejantes nos harán más efectivo en nuestra vida personal, familiar, empresarial o profesional.

En base a la importancia del tema y de la trascendencia de este, son muchos los motivos por el cual escribir acerca de las emociones. Dado que, junto a otros elementos del ser humano, son esenciales para el bienestar tanto personal como social. De ahí que sea de suma importancia el aprendizaje de ellas. Dada nuestra dimensión humana, el desarrollo de las competencias emocionales es un factor clave para el desarrollo integral humano. La educación emocional es parte de la educación para la vida. El desarrollo de competencias emocionales demanda un proceso continuo y permanente, lo que llama Bisquerra, *"enfoque del ciclo vital"* (2011, p.31. En Bisquerra, Punset, Eduard, Mora,& Garcia, 2011).

Dado que el tema goza de un nivel alto de complejidad, es menester aclarar que el dogmatismo no forma parte de la obra. Es nuestro deseo comenzar a investigar, siendo conscientes que durante nuestro peregrinaje terrenal vamos a ir sistematizando información, modificando comprensiones y renovando los paradigmas que nos guían hacia una comprensión más profunda de los temas.

La obra está compuesta por 8 temas, los cuales discurren desde la historia de las emociones; una breve descripción del cerebro humano, para que, una vez establecida las bases, poder adentrar en una minuciosa explicación en relación con las emociones.

Los temas centrales tratan a fin de explorar desde los avances que las Ciencias Sociales han aportado para una comprensión del ser humano. Considerando que la Ciencia debe de estar al servicio de la verdad y no como creadora de ésta. Hay que aclarar que los paradigmas que dan fundamento a muchas explicaciones son fruto del esfuerzo limitado de seres humanos, por lo que esperamos que aparezcan otros más potentes que sirvan para seguir avanzando. Es decir, esperamos que tras 20 años de avances consideremos que nos habíamos equivocado, pero que gracias ha dichos errores se ha seguido avanzando en post de la comprensión de la verdad.

A través de este libro pretendemos inquietar tanto a líderes, así como a cualquier tipo de persona que quieran dar el primer paso para adentrarse en el maravilloso mundo de las emociones. Nuestro objetivo esencial es crear expectaciones para que los/as lectores/as puedan ser motivados a continuar con su formación. Por medio de la presente obra, pretendemos motivar a que las personas puedan dar los primeros pasos hacia el mundo de las emociones, ya que son de vital importancia para vivir como seres humanos.

CAPÍTULO 1:
LAS EMOCIONES EN LA HISTORIA

Por siglos la tradición filosófica occidental ha hecho énfasis en atribuir a las emociones una carga negativa, al punto que a las personas que las han experimentando notoriamente se les ha considerado poco equilibradas, carentes de sensatez e inteligencia. Por lo que las emociones han estado asociadas estados pocos racionales y de buen juicio. De ahí que todo ha apuntado a la subordinación de éstas a la razón. En pocas palabras, las emociones no han sido consideradas compatibles con la prudencia y la sabiduría.

A continuación se expone como han considerado a las emociones los distintos movimientos filosóficos:

Platón y las emociones:

Las emociones están presentes en su obra, *la República,* las cuales están asociadas a los conceptos dolor y placer, de modo que el exceso de dichas emociones afecta negativamente al ejercicio de la razón (Souza-Barcelar, 2011).

Siguiendo a Casado & Colomo (2006), Platón en su obra Diálogos, divide el alma humana en tres partes: la cognitiva, afectiva y apetitiva. A fin de explicar con más detalle su creencia, hace uso de la metáfora del jinete que cabalga en un carro con dos caballos. El conductor (auriga) representa a la parte del alma que denominó racional (cognitiva), a modo que, para que las personas puedan acceder al mundo ideal, es la parte racional del ser humano la que debe tener el control de la vida. Pero existen dos partes más del alma que están representadas por un caballo blanco y otro negro, los cuales simbolizan los dos tipos de impulsos. El caballo blanco (obediente) hace alusión al alma irascible (afectiva), en la cual se encuentran todos los impulsos nobles y puros. Sin embargo, el caballo negro es malo y desobediente, el que representa al alma apetitiva o concupiscible, el cual domina el deseo sensible que arrastra hacia lo terrenal. Por lo que la labor esencial del jinete es hacer que todo esté bajo su control dando rienda al caballo blanco y reprimiendo al otro, porque de lo contrario pierde el dominio y pasa a un estado de descontrol.

Aristóteles y las emociones:

En la obra, *Retórica,* Aristóteles desarrolla el tema de la teoría emocional. Según el filósofo ateniense, las emociones eran como una afección (impulso-enfermedad) del alma acompañada de placer o dolor y en la que éstos son el valor que tienen las acciones que se hacen. Es decir, las emociones producen placer o dolor dependiendo del uso que se haga de ellas (Souza-Barcelar, 2011).

Aristóteles definió a las emociones como un estado en el que la persona se transforma has tal punto que se queda con el juicio afectado. El énfasis de su estudio estuvo entorno en la cólera. Explicó cómo está emoción se desencadena en el ser humano, reconoció dimensiones fisiológicas, así como comportamentales (Souza-Barcelar, 2011).

Los estoicos y las emociones:

Para el pensamiento estoico las emociones son totalmente negativas, de hecho, se les atribuye la culpabilidad de los problemas que existen en el mundo. Como señala Sorabji (2002), los estoicos estaban concentrados en la búsqueda de la liberación de todo tipo de pasión. Por lo que se centraban en la eliminación de toda respuesta emotiva a los estímulos externos, a fi de tener el ser bajo control.

Las emociones en la Edad Media:

En la Edad Media las emociones fueron consideradas como el lado irracional del alma, las cuales están en constante lucha por controlar la razón. En dicho período hablar de emociones estaba vinculado a la idea de la pasión con una carga negativa.

La Iglesia Católica se pronunció respecto, en uno de sus preceptos dejó claro que las personas que no fuesen capaces de controlar sus deseos y pasiones estaban pecando, por lo que el castigo era inevitable, debía hacer penitencia (Souza-Barcelar, 2011).

Descartes y las emociones

La Revolución Científica tuvo en René´ Descartes a un exponente en relación al tema de las emociones. Su obra, "*Las pasiones del alma"*, es una obra clásica. Descartes tenía una concepción dual del ser humano, cuerpo y mente. Su marco teórico en relación a las emociones se enfoca en que éstas son sensaciones. Según el filósofo, las emociones están entre la mente con sus pensamientos y el cuerpo con la capacidad de percibir (Souza-Barcelar, 2011).

Así pues, la tradición filosófica, desde los clásicos griegos, puso el fundamento para entender a las emociones como la parte irracional del ser humano, la cual debía estar supeditada a la razón.

Las emociones desde distintos enfoques científicos

Fue precisamente Darwin el primero que escribió en la función de adaptación al medio en relación a las emociones y del carácter hereditario de las mismas. En su obra, *"la expresión de las emociones"*, expuso que las emociones se hacen manifiestas por medio de los gestos, algo que se daba tanto en los humanos como en los animales. Haciendo así que las emociones fuesen consideradas para los análisis posteriores en su dimensión genética y en su dimensión social (Souza-Barcelar, 2011).

La obra, *"Qué es una emoción"*, cuyo autor es William James, supuso una revolución para la comunidad científica de finales del siglo XIX. Entre sus premisas destacan el hecho que señaló que los cambios que viven los humanos en su cuerpo aparecen inmediatamente a la percepción recibida. Desde este enfoque se hace énfasis en las "reacciones emocionales".

Así pues, desde el enfoque cognitivista se expone que las cogniciones son una condición necesaria y suficiente para que pueda haber un proceso emocional (Souza-Barcelar, 2011).

Una perspectiva negativa de las emociones

Desde la Edad Media al siglo XX, las emociones han sido tema tratado por filósofos y pensadores, no han faltado los que las han considerado la oposición de la razón; pasando por los que hacen énfasis en la necesidad de controlarlas; así como los que priorizan sus cualidades negativas.

Las ideas entorno a las emociones a lo largo de la historia del pensamiento occidental han servido de fundamento para que, hasta bien entrado el siglo XX, el predominio de la razón haya sido más que evidente a la hora de valorar las cualidades de las personas.

Es de resaltar el pensamiento de Cadados & Colomo (2006, p. 9) cuando dicen:

La tradición ha considerado a las emociones experiencias impredecibles e incompatibles con los juicios sensatos e inteligentes. Hablamos con todo despectivo de tomar decisiones basadas en las emociones o sentimientos. Cuando las personas reaccionan emocionalmente, consideramos que están experimentando una regresión y mostrando sus naturalezas primitiva y animal. Esta forma de pensamiento originada hace milenios, se mantiene en el pensamiento occidental actual.

El error de Descartes

La frase célebre del filósofo René Descartes: *cogito ergo sum* ('pienso, luego existo'), supuso las bases para el desarrollo del "mito de la razón" en la mentalidad moderna. Supuso que *"viejo orden teológico y cosmológico llegaría a ser sustituido por las directrices de otra clase de divinidad: la diosa Razón"* (Cruz, 2012).

Pero a su vez, condicionaría la integración entre la razón y las emociones, dando a la primera la prominencia, como se ha podido apreciar anteriormente.

Sin embargo, los avances científicos han demostrado que es inviable pensar y luego existir. Si no hay harmonía entre cabeza y corazón todo el individuo paga las consecuencias. Haciendo uso del lenguaje figurado, la dicotomía entre lo emocional y lo racional, sería la división entre "corazón" y "cabeza". Lo que sí es cierto que hay actos que emanan del corazón y otros de la cabeza. A su vez, el tipo de convicciones son diferentes, las corazonadas, como vulgarmente se llaman, tienen otro proceso al del pensamiento frío y calculador, más propio de la cabeza (Goleman 1996).

Los avances de la ciencia, entre los que destacan la neurociencia han puesto las bases para entender que hay distintas regiones cerebrales donde se procesan la información. No es lo mismo responder con el cerebro emocional que con el cerebro racional. Son dos procesamientos diferentes de los datos que nos transmiten el entorno y el ambiente en el que interactuamos. Dos formas diferenciales de procesar información, por lo que nos lleva a dos tipos diferentes de reacciones.

El mito del Coeficiente Intelectual (CI)

Hasta que la humanidad no ha avanzado lo suficiente como para crear los medios que los que se han explorado los procesos cerebrales, no se ha podido entender a las emociones en profundidad. Como se verá más adelante, a partir de la obra de Howard Gardner, "Inteligencias Múltiples", no se han considerado inteligencias de vital importancia para la humanidad, como la inteligencia emocional y social.

Durante siglos, sobretodo en Occidente, se ha tenido una visión sesgada en cuanto a la inteligencia, ya que su enfoque ha sido unidireccional. Es decir, la inteligencia ha sido asociada directamente con la capacidad del lenguaje y de la escritura, por lo que ha sido considera como la capacidad de la mente humana para procesar información que se recibe el exterior y que se procesa en el interior. De ahí que se entienda por inteligencia la capacidad de comprender, saber y aprender. Su vinculación está íntimamente relacionada con las actividades cognitivas como pueden ser la asociación, la memoria, la imaginación, el entendimiento, la razón y la conciencia.

A raíz de la creación de Alfred Binet (1857-1911) y Théodore Simón (1873-1961) del test de CI, el nivel de inteligencia de los niños se ha medido en base a la evaluación intelectual del mismo. A través de esta escala métrica se ha evaluado, según la edad, para comprobar si un adolescente tiene o no una inteligencia "normal". Estas bases han sustentado durante décadas que la inteligencia y la intelectualidad han sido sinónimas. Tradicionalmente se ha pensado que la inteligencia es un valor rígido que no se puede cambiar, es decir, se tiene o no se tiene. Por lo que muchos niños han sido calificados y etiquetados, al punto que han quedados carentes de oportunidades para aprender y desarrollar sus potencialidades.

Inteligencia mutilada

En el mundo occidental, el predominio de la intelectualidad ha dado un perfil personal donde destacan: la capacidad de análisis, la lógica, la clasificación, la memorización, y otras actividades cognitivas.

Sin embargo, las historias personales han demostrado que un nivel alto de inteligencia intelectual no garantiza que las personas vayan a tener éxito en la vida. No se pretende desmerecer el tener un CI alto; sino más bien, dejar claro que para ser competentes en dicha dimensión no lo es todo. Goleman comenta (1996, p. 25):

Existen muchas más excepciones a la regla de que el CI predice el éxito en la vida que situaciones que se adapten a la norma. En el mejor de los casos, el CI parece aportar tan sólo el 20% de los factores determinantes del éxito (lo que supone un 80% restante depende de otra clase de factores).

En esa misma línea, Ibarrola (2013, p.p. 184-185), comenta que la inteligencia académica no es suficiente para asegurarse el éxito en la vida. De hecho, la mayoría de las personas que destacan en las carreras profesionales no son necesariamente las que más alto CI poseen. Si a la capacidad intelectual no se le añaden otras cosas, como el conocimiento de las emociones y el manejo de las mismas, todo apunta a que dichas personas están más cerca del fracaso personal que del éxito.

La Agencia de los Estados Unidos para el Desarrollo Internacional ha identificado las siguientes competencias:

- Un 80% de competencias emocionales:
  - Habilidades para detectar y aprovechas oportunidades.
  - Iniciativa o capacidad de desarrollar nuevos servicios anticipándose a la demanda social.

- Perseverancia y resistencia al desánimo ante los obstáculos.
- Interés por realizar un trabajo de calidad.
- Esfuerzo, dedicación y sacrificio para alcanzar los objetivos propuestos.
- Búsqueda de eficiencia.
- Autoconfianza para enfrentarse a los retos y asertividades en las relaciones con los demás.
- Capacidad de persuasión y utilización de estrategias de influencia.
- Reconocimiento de la importancia de las relaciones interpersonales.
- Seguimiento y supervisión estrecha del trabajo para garantizar que las cosas se hagan correctamente.
- Un 20 % de competencias cognitivas:
  - Capacidad de resolución de problemas e innovación, de generar nuevas ideas y aportar soluciones novedosas.

- Análisis de alternativas, anticipación a los obstáculos y planificación sistemática de las acciones.

Como ejemplo nos puede servir que personas como Walt Disney, Henry Ford, Steve Jobs o el mismo Paco de Lucia no hayan tenido una carrera universitaria.

Los avances científicos, sin estar en contradicción con las Sagradas Escrituras, han demostrado que las emociones nos atraviesan desde que nacemos y nos acompañan todo lo que dura nuestra estadía terrenal. Es más, sin un componente tan trascendental como las emociones no seriamos los seres que somos, los humanos.

El desprecio hacia las emociones, lo único que ha logrado ha sido mutilar al ser humano y no entender la dimensión que está presente en toda acción humana, la emocional.

CAPÍTULO 2:
EL CEREBRO HUMANO

A fin de ahondar en el tema de las emociones es menester tener claro los funcionamientos básicos de nuestro cerebro. Puesto que a menos que entendamos unos cuantos principios básicos, sencillos y fáciles de asimilar, no podremos construir una base para entender, tanto el mundo emocional, así como el mundo social.

Si hay algo complejo y asombroso en el universo es la mente humana. Es lo que se interrelaciona con nuestra materia, sobre todo a través de nuestro cerebro y los nervios en nuestro cuerpo. Se necesita un ordenador extremadamente inmenso para poder realizar las funciones básicas que se procesan en el cerebro. El cerebro humano contiene más de 100 billones de células nerviosas. Cada célula individual está conectada con 100.000 otras neuronas.

El cerebro triuno

El neurocientífico y físico, PalMacLaen (en Bidoglio, s/f), realizó contribuciones significativas en los campos de la Psicología y la Psiquiatría con la teoría del Cerebro Triuno, su teoría ha permitido un acercamiento que permite comprender cómo actúan las estructuras más básicas del cerebro.

El cerebro humano está compuesto de tres "capas" que funcionan como una unidad:

- Mente que huye, se defiende ataca: cerebro reptiliano.
- Mente que siente: cerebro emocional, reactivo, motivacional.
- Mente que piensa: cerebro racional-creativo.

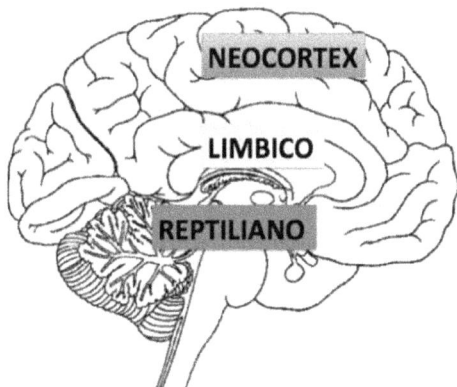

- **Figura:** Cerebro Triuno
- **Fuente:** Psicología acompañando la crianza respetuosa, 2015.

Hay que destacar que el cerebro humano posee la peculiaridad de compartir con los otros seres animados partes de este que le permite tener las mismas reacciones. Por ejemplo, ante una sensación de peligro podemos huir, sin ni siquiera pensarlo o podemos tener apego como los mamíferos. Si embargo, el neocórtex, le permite al ser interior espiritual y pensante contar con el soporte ideal para poder operar integralmente como ser espíritu-psíquico-emocional-físico. Como hace saber la Dr. Aparicio (en Bidoglio, s/f. p. 4):

El modelo Cerebro Triuno, concibe al ser humano, como un ser constituido por múltiples capacidades interconectadas y complementarias, de allí su carácter integral y holístico, que permite explicar el comportamiento desde una perspectiva más integrada, en donde el pensar, el sentir y el actuar, se compenetran en un todo que influye en el desempeño del individuo.

El cerebro reptiliano

- **Figura:** Cerebro Reptiliano.
- **Fuente:** Gente Lógica, s/f.

El cerebro más profundo es el reptiliano (tallo cerebral), es la primera parte de nuestro cerebro por donde pasa cada impulso eléctrico que percibimos(Gente lógica, s/f). Su principal función es garantizar la supervivencia. Es el asiento de los reflejos, responde al ataque-huida.

En el momento que se percibe una amenaza es el primer cerebro en activarse. Por lo que se sabe que actúa de forma rápida, es instintivo e inconsciente. Las conductas que emanan del cerebro reptiliano están programadas, es el medio para asegurar la preservación de la vida.

Conductas del cerebro reptiliano
• Sexualidad.
• Defensa primaria. Es impulsivo.
• Pulsiones.
• Respuestas agresivas, reactiva, enojo.
• Búsqueda de comida.
• Territorialidad. Demarca y cuida del territorio.
• Ofrece resistencia al cambio.
• Es rígido, intransigente, obsesivo, compulsivo, mecánico.
• Permanece activo aún durante el sueño profundo.
• No aprende de las equivocaciones.

• **Figura 2:** Conductas reptilianas.
• **Fuente:** Bidoglio, s/f.

El cerebro reptiliano es más bien instintivo, controla las funciones corporales como el hambre, la digestión y eliminación, la reparación, etc. Todo lo que se necesita para la preservación de la vida.

No es de extrañar que sea el que más actúa cuando un bebe nace. Al nacer el ser humano, de manera intuitiva, reclama alimentación y calor; busca mantener unas constantes vitales y un bienestar optimo. En el momento que el bebé percibe que algo está mal, inmediatamente comienza a reclamar (Bebés y más, 2010).

A la medida los seres humanos van desarrollándose, los otros cerebros van tomando más predominio. Lo que no significa que el cerebro reptiliano desaparezca. Esta parte esencial de nuestro cerebro está ahí y es la primera en recibir la información del ambiente. De ahí que ante las amenazas se manifiesten los comportamientos más feroces en los humanos. Son conductas llevada a cabo desde el cerebro reptiliano, que lo único que busca es la supervivencia o preservación de él o su entorno.

El cerebro límbico (emocional)

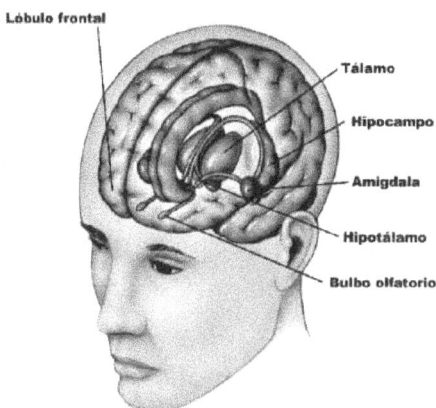

- **Figura.** Sistema límbico
- **Fuente:** Biología, 2016.

El sistema límbico (limbo = anillo) es el tipo de cerebro que poseen los mamíferos, es el encargado de conectar al cerebro reptiliano con el cerebro neocórtex, trabajando ambos como un solo bloque. Sin embargo, por la posición que ocupa comparte estructuras cerebrales tanto con el reptiliano como con el neocórtex. Por el hecho de ser el lugar donde se almacena la memoria emocional y la activación de esta, también llamado, emocional (Bidoglio, s/f.).

Está compuesto por tálamo, hipotálamo, hipocampo y la amígdala cerebral. Como expone Carbajal (2013, p.12):

- El tálamo: envía mensajes sensoriales al neocórtex (la parte pensante).
- El hipocampo: se cree que juega un papel muy importante en la memoria e interpretación de lo que percibimos.
- La amígdala es el centro emocional. Además, influye en la capacidad de aprendizaje y la memoria.

El cerebro límbico trabajo con los dos hemisferios superiores, es el encargado de regular las emociones o impulsos que se perciben.

Conductas del cerebro límbico (emocional)
• Conducta emocional y social significativa.
• Ejecuta programas relacionados con las emociones, afectos, motivación para la acción, defensas, miedos, etc.
• Evaluación de la información sensorial en el contexto.
• El aprendizaje.
• Memoria declarativa (o de hechos).
• Memoria emocional, conducta emocional.
• Su alteración, repercute en el afecto, en el pensamiento, en las respuestas neuroendócrinas y autonómicas y, finalmente en la conducta humana.
• Circuitos de placer-dolor.

- Figura: Conductas límbicas
- Fuente: Bidoglio, s/f.

El cerebro límbico está estructurado de forma que permite que el ser humano tenga respuestas emocionales-afectivas y el aprendizaje de estas y la memoria.

Memoria de respuesta automática

En el cerebro del medio es donde está la capacidad para aprender y modelar las respuestas que damos de forma automática a fin de garantizar la supervivencia. Por lo que tiene la habilidad de aprender nuevas respuestas para utilizarlas en situaciones similares en el futuro. Las nuevas experiencias se almacenan en asociación si son de pro-supervivencia o contra-supervivencia (Bidoglio, s/f.).

Archivo de dolor	Archivo de placer
Contra-supervivencia	A favor de la supervivencia
Conducto de huida-ataque	Conducta de acercamiento

- **Figura:** Conductas límbicas.
- **Fuente:** Bidoglio, s/f.

La amígdala cerebral

Entre los componentes del cerebro límbico, me gustaría destacar la amígdala, la cual tiene forma de almendra, de ahí su nombre. Su papel es de vital importancia, ya que participa del proceso de aprendizaje, en especial a los estímulos que están vinculados a las respuestas afectivas, puesto que es la encargada de la asociación de un estímulo y la respuesta afectiva (Cardinali, s/f,).

La amígdala es la que tiene la memoria emocional. Es el centro de las emociones, puesto que es donde son procesadas y están acumuladas las diferentes respuestas afectivas y, a su vez, donde se almacenan la angustia, alegría, y muchas otras más (Bidoglio, s/f.).

SARA (Sistema Activador Recticular Ascendente)

La estructura integral del cerebro humano está compuesta de forma que primero nos emocionamos y despues pensamos. Todos los estímulos del exterior, de manera innata, provocan una reacción automática.

Al respecto, el neurobiólogo Joseph LeDoux enseñó que los estimulos externos una vez que ingresan en el cerebro por medio de los sentidos pasan por un filtro denomidano, SARA (Sistema Activador Recticular Ascendente). Este filtro es el encargado de desestimar lo que considera intranscente, a fin de no sobrecargar nuestro cerebro con información irrelevante. Una vez pasado el filtro, los estimulos llegan se integran en el tálamo (Torres, 2014).

Una vez integrados, según las investigaciones de LeDoux, la información se bifurca en dos vías, la primera vía que es más corta y rápida se dirige hacia el sistema amigdalino, a lo que llamó *el "camino corto". La segunda vía conduce* hacia el neocórtex, a la que llamó **el** *"**camino largo**"* (Torres, 2014).

El camino corto (Bidoglio, s/f.)

Desde que se recepciona el estimulo el primer filtro que pasa es el SARA, en el caso que se evalúe como contra-supervivencia, esta parte cerebral cuanta con una serie de neuronas que unen el tálamo directamente con la admígdola, lo que hace que ésta pueda dar entrada directamente de los sentidos.

Es de tener en cuenta, que tan solo estimulo que sea considerado amenazante, hace que en apenas 125 milisegundos (la mitad de tiempo de un parpadeo aprox.) el cerebro reptiliano y el emocional activan las emociones que garantizan la supervivencia, se reacciona sin necesidad de identificar lo que sucede.

El hecho que sea más rápido es útil para garantizar la supervivencia. Pero dicho camino cuenta con pocos elementos, utilizando el banco de memoria básico. Por consiguiente, este tipo de respuesta puede ser imprecisa, precipitada, irreflexiva, impulsiva agresiva, etc.

El camino largo (Bidoglio, s/f.)

Este tipo de camino neuronal es más completo y extenso, va del tálamo a la corteza cerebral, su duración es de 500 milisegundo aprox. Este recorrido permite que se acceda al banco memoria de forma más amplia, lo que lo hace más preciso, racional y equilibrado.

-EMOCIONALIDAD-

- **Figura:** Caminos corto y largo.
- **Fuente:** Garrido, 2013; Merino, 2016. Adaptado.

En resumidas cuentas, podemos decir, todo comportamiento impulsivo, que no atiende a razonamientos, están basados en reacciones ante situaciones que se perciben como amenazas. Este tipo de comportamiento en sí es un medio que sirve para garantizar la supervivencia. Se convierte patológico cuando es el comportamiento habitual de una persona.

Cabe destacar que las emociones no se pueden iniciar o restringir a la merced de la persona (Biología, 2016). Pero una vez experimentad la emoción el cerebro pensante sí puede controlar la conducta emocional. En el próximo capítulo se expondrá la inhibición del cerebro humano donde se explicará con más detalles.

El cerebro humano: neocórtex

No falta decir que el cerebro humano es un m sumamente complejo, aún con los avances científicos que se cuentan, los eruditos de la materia reconocen que apenas se está avanzando en la comprensión de la complejidad en la materia.

En el neocórtex es en el lugar donde se desarrollan las actividades que nos hace diferentes a otros seres creados del planeta. Esta parte del cerebro ocupa un 85% del volumen total. Si hasta ahora habíamos visto los otros dos restantes que ocupan un 10 % el celebro límbico y un 5% el reptiliano, en está parte nos vamos a ocupar, muy por encima; a vista de pájaro, del cerebro humano.

-EMOCIONALIDAD-

Hay que aclarar que ni siquiera se considera que expliquemos ni una milésima parte de una partícula del inmenso océano que supone el tema. Simplemente, nuestro objetivo es hacer una diminuta descripción del lugar donde se procesan los pensamientos de los humanos, por que, de lo contrario, no podremos hacernos una vaga idea en relación con las emociones.

Si se está preguntando por qué es importante tener unas nociones básicas del funcionamiento del cerebro humano, la respuesta es sencilla, en esta parte del cerebro, es donde se procesan todas las actividades y cualidades de las cogniciones (conocimiento) ejecutivas y éticas. En fin, actividades como pensar o planificar, y del lenguaje, imaginación, creatividad y capacidad de abstracción, proviene de esta región cerebral (inteligencia-emocional.org, s/f).

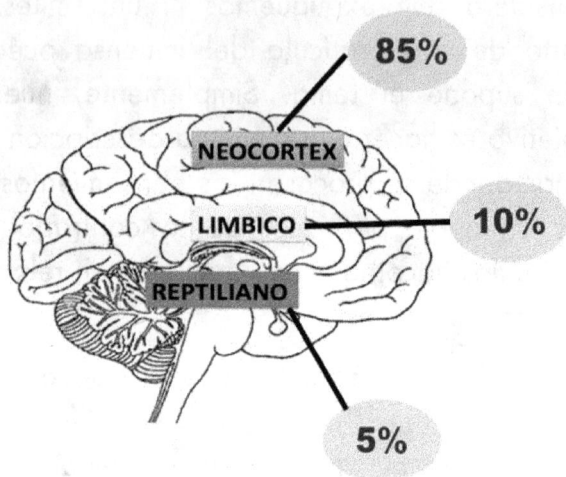

- **Figura.** Cerebro Triuno
- **Fuente:** Psicología acompañando la crianza respetuosa, 2015. Adaptado.

Dos hemisferios

El cerebro neocórtex, a grandes rasgos, está compuesto por dos hemisferios, el izquierdo y el derecho, el cual está unido por el cuerpo calloso. El hemisferio izquierdo controla la parte derecha del cuerpo, mientras que el hemisferio derecho controla la parte izquierda a través de su conexión con el sistema nervioso. Hay que destacar que el ser humano es el único mamífero que desarrolla diferentes usos para cada mitad del cerebro.

Aunque ambos hemisferios forman parten del mismo cerebro, las funciones desarrolladas parece que poseen más preponderancia de uno que de otro. Las gráficas siguientes exponen las funciones que desarrollan los distintos hemisferios.

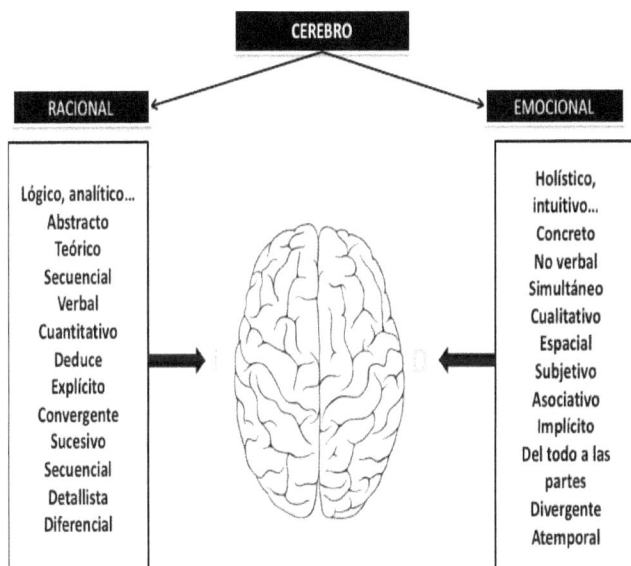

CEREBRO

RACIONAL	EMOCIONAL
Lógico, analítico...	Holístico, intuitivo...
Abstracto	Concreto
Teórico	No verbal
Secuencial	Simultáneo
Verbal	Cualitativo
Cuantitativo	Espacial
Deduce	Subjetivo
Explícito	Asociativo
Convergente	Implícito
Sucesivo	Del todo a las partes
Secuencial	Divergente
Detallista	Atemporal
Diferencial	

• **Figura.** Hemisferios cerebrales

Hemisferio izquierdo	Hemisferio derecho
Verbal: usa palabras para nombrar y describir, definir.	**No verbal**: es consciente de las cosas, pero no le cuesta relacionarlas con palabras.
Analítico: estudia las cosas paso a paso y parte a parte	**Sintético**: agrupa las cosas para formar conjuntos.
Simbólico: emplea un símbolo en representación de algo. Por ejemplo el signo + representa el proceso de adición	**Concreto**: capta las cosas tal como son, en el momento presente.
Abstracto: toma un pequeño fragmento de información y lo emplea para representar el todo	**Analógico**: ve las semejanzas entre las cosas; comprende las relaciones metafóricas.
Temporal: sigue el paso del tiempo, ordena las cosas en secuencias: empieza por el principio, relaciona el pasado con el futuro, etc.	**Atemporal**: sin sentido del tiempo, centrado en el momento presente.
Racional: saca conclusiones basadas en la razón y los datos	**No racional**: no necesita una base de razón, ni se basa en los hechos, tiende a posponer los juicios.
Digital: usa números como al contar	**Espacial**: ve dónde están las cosas en relación con otras cosas y cómo se combinan las partes para formar un todo.
Lógico: sus conclusiones se basan en la lógica; un cosa sigue a otra en un orden lógico.	**Intuitivo**: tiene inspiraciones repentinas, a veces basadas en patrones incompletos, pistas, corazonadas o imágenes virtuales.
Lineal: piensa en términos de ideas encadenadas, un pensamiento sigue a otro, llegando a menudo a una conclusión convergente.	**Holístico**: ve las cosas completas de una vez; percibe los patrones y estructuras generales, llegando a menudo a conclusiones divergentes.

- **Fuente:** Pérez, W. Teorías y modelos que explican el funcionamiento cerebral. Adaptada.
- Figura: Hemisferios cerebrales
- Fuente: Muro-Carbajal, M. (s/f).

Como bien indica Regader (2016):

Los procesos perceptivos y ejecutivos se desarrollan en el cerebro en su conjunto, de forma que las distintas regiones cerebrales y hemisferios comparten información a través del cuerpo calloso. Actualmente, los neurocientífico (neurólogos, biólogos y psicólogos) tratan de comprender de qué forma se realiza esta compleja coordinación entre hemisferios.

A la hora de tomar decisiones, que no son pocas durante nuestra existencia, nos encontramos con una lucha interior. Por un lado, tenemos el corazón; por otro, la cabeza. Siguiendo a Goleman (1996, pp. 8-14), para comprender el conflicto existente entre los sentimientos y la razón es imprescindible tener claro que el cerebro humano, con sus ambos hemisferios, juegan un papel muy importante. Ya que lo que la información que llega por los perceptores es recibida tanto por el "cerebro emocional"; así como por el "cerebro racional". Por lo que en la vida existen dos formas de tomar decisiones, con nuestra parte emocional o racional y en un momento u otro, ambas pueden ser buenas o malas. Como indica Muro-Carbajal (s/f. p. 14):

El problema reside cuando dejamos que intervenga tanto la lógica como la emoción en un momento en el que no debería aparecer y por eso es de gran importancia el control sobre nosotros mismos y nuestros actos de forma que seamos capaces de saber en qué momentos debe primar nuestra parte emocional y/o racional.

Sin lugar a duda, para vivir una vida plena, se vive desde el equilibrio en nuestros dos hemisferios. Cualquiera de los extremos nos evocaría al fracaso. Como dijo Aristóteles:

Cualquiera puede enfadarse, eso es algo muy sencillo. Pero enfadarse con la persona adecuada, en el grado exacto, en el momento oportuno, con el propósito justo y del modo correcto, eso, ciertamente, no resulta tan sencillo.

Para cumplir los requisitos recomendados por Aristóteles se necesita tener un elevado uso equilibrado e inteligente de nuestras ambas mentes, la racional y la emocional.

Los lóbulos prefrontales

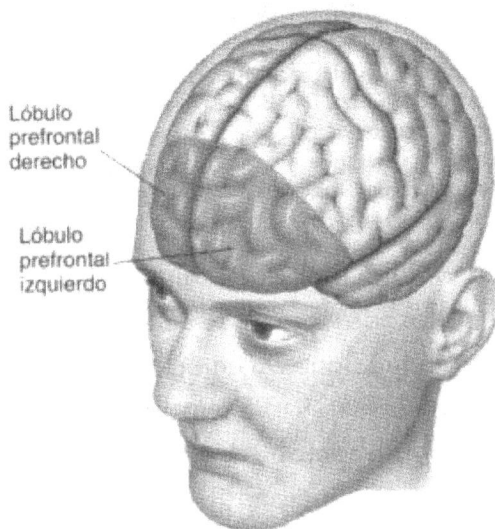

Lóbulo prefrontal derecho

Lóbulo prefrontal izquierdo

- **Figura.** Lóbulos prefrontales.
- **Fuente:** Universidad del Valle de Guadiana, 2010.

El cerebro límbico está continuamente interactuando con el neocórtex. Transmisiones de señales a velocidades vertiginosas permiten que ambas partes cerebrales trabajen juntas. Esto es lo que justifica que se pueda tener control sobre las emociones. Este proceso es posible gracias a que los lóbulos prefrontales y frontales juegan un papel de vital importancia. Entre sus funciones, en relación con las emociones, destacan (inteligencia-emocional.org, s/f):

- La moderación de las reacciones emocionales, puesto que tienen la capacidad de frenar las señales del cerebro emocional.
- Desarrollan planes de actuación concretos para situaciones emocionales. Como se ha visto anteriormente, las amígdalas son las encargadas de tomar el control cuando existen situaciones emocionales para garantizar la supervivencia. Sin embargo, el lóbulo prefrontal es el encargado de coordinar las emociones.

En pocas palabras, los lóbulos prefrontales son los "manager" entre las emociones y las conductas humanas en relación a éstas (inteligencia-emocional.org, s/f).

- Razonamiento
- Pensamiento
- Evaluar
- Ver el futuro
- Planificar
- Prever consecuencias de acciones
- Perseverar
- Flexibilidad y cambio de planes
- Adaptación a los cambios

- Interpretaciones de las emociones convirtiéndolas en sentimientos
- Toma de decisiones voluntarias, capacidad de elección
- Dar significación a nuestro mundo y a nuestra vida.
- Automotivación
- Metacognición
- Capacidad creativa, creación de nuevas opciones y alternativas
- Retardo de la gratificación
- Manejo y modelación de nuestros estados emocionales
- Dirección hacia planes de vida constructivos
- Manejo de la adversidad y la frustración
- Empatía, manejo de las relaciones interpersonales.

- **Figura.** Las funciones de los lóbulos frontales
- **Fuente:** Bidoglio, s/f. Adaptada.

Inhibición del cerebro humano

Cualquiera que lea la figura de arriba pensará, cómo es posible que los seres humanos con tantas potencialidades tengan momentos donde son dominados por completos hacen cosas que en otro contexto no harían. Sin dar una respuesta desde la dimensión espiritual de la persona; sino más bien desde una perspectiva biológica es el siguiente enfoque.

Llama la atención as palabras de Altamira (2011), *"los tres cerebros están interconectados a nivel neuronal y bioquímico y cada uno controla distintas funciones de nuestro cuerpo"*. Sin embargo, el cerebro límbico no disfruta de una amplia conexión con el cerebro pensante (Biología, 2016).

Es de tener en cuenta que existen situaciones donde las personas no son conscientes que sus lóbulos prefrontales quedan inhibidos, quedando la persona a la merced de la combinación del cerebro reptiliano y del límbico. En estas situaciones es cuando vemos a personas comportarse como si no lo fuesen, sus comportamientos son más típicos de reptiles o de animales que de humanos.

La presente figura sirve de ejemplo de cómo es el proceso de la inhibición de los lóbulos prefrontales.

- **Figura.** Inhibición de los lóbulos prefrontales
- **Fuente:** Bidoglio, s/f. Adaptada.

Inhibición por motivos negativos

El ser humano vive situaciones en la que son victimas de una detonación emocional. Este realidad es la que hace que hayan circunstancias que se produzcan *"el secuestro de la admígdala"*. Dicho concepto se usa para describir las reacciones emocionales que sufren las personas ante una situación que consideran significativamente amenazantes.

Cómo se ha explicado anteriormente, ante un estimulo que toma la vía del camino corto, en apenas 125 milisegundos, manda el mensaje al neocórtex diciéndole que se prepare para atacar, 375 milisegundos después el lóbulo prefrontal cierra todas las entradas de información, quedando así, inhibida toda capacidad para entender lo que está sucediendo en nuestro entorno.

Sin olvidar que, a su vez, la segregación de hormonas necesarias para la huida o la lucha hace que se acelere el organismo y el pensamiento, de modo que el enfoque está exclusivamente en el peligro. Al punto que la persona no ve otra cosa que la amenaza. En todo este proceso, el neocórtex queda reducido y el ser humano se comporta como un animal que no atiende a razones.

Entre el impulso de la emoción y la retroalimentado por el sentimiento que desata ésta, elaboran un estado emocional que explican el porqué hacemos cosas de las cuales no creíamos que éramos capaces de hacer o decir.

Inhibición por motivos positivos

Sin embargo, ese tipo de situaciones no siempre están relacionadas a un suceso estresantes. En más de una ocasión hemos podido oír la frase, "perder la cabeza". Pues eso es precisamente lo que sucede cuando las personas se enamoran. La doctora Wendy

Portillo Martínez, del Instituto de Neurobiología de la UNAM, informa que los estudios demuestran que cuando los hombres y las mujeres se enamoran la actividad cerebral cambia. Entre sus cambios destaca la inhibición de la amígdala y los lóbulos prefrontales. Como consecuencia, las personas pierden el temor y la razón, dando lugar a un estado de felicidad donde todo es mágico (Dirección General de Divulgación de la Ciencia de la UNAM, 2014).

Otro tipo de secuentro emocional sin connotaciones negativas se dan cuando las personas son víctimas de un ataque de risa, al punto de no poder controlar sus comportamientos. Es precisamente en esos momentos cuando somos candidatos a cometer alguna estupidez.

El poder de la decisión

Las personas no son victimas pasivas ante una situación de secuestro emocional. Para que éste tenga lugar, es menester que el cerebro pensante haya fracasado, recuerde que los lóbulos prefrontales son los encargados de equilibrar nuestras respuestas emocionales. La programación mental que tenga la persona es la que hace que haga una evaluación u otra. En el momento que el cerebro pensante se apropia de la emoción y la convierte en un sentimiento, es ésta la que toma el control, al punto que no hace falta ni pensar más; sino actuar a favor de garantizar nuestra supervivencia. Es por eso que durante un secuestro emocional, el lóbulo prefrontal izquierdo simplemente se apaga y deja que las emociones fluyan.

A diferencia de otros seres vivos, los seres humanos contamos con las habilidades y competencias, para que, una vez detectada la emoción, podamos decidir que hacer. A menos, que en vez de tener emociones; seamos tenidos por éstas. La capacidad de decidir es lo que nos hace humanos, el tiempo que transcurre entre la acción y la reacción es el mismo que tenemos de libertad. Es decir, cuanto antes reaccionemos, menos tiempo disponemos para decidir. Por lo tanto, menos tiempos de ser libres, ya que la verdadera libertad reside en el simple hecho de poder decidir.

Muchas personas han demostrado que la presión del ambiente, las experiencias vividas y la propia herencia genética no son motivos para dejar de ser verdaderamente libres.

Sirva de ejemplo el caso del neurólogo y psiquiatra Viktor Frankl. El poder de decidir fue lo que hizo que profesor superase desde 1942 hasta 1945 varios campos de concentración nazis, incluidos Auschwitz y Dachau. A partir de esa experiencia, escribió el libro *El hombre en busca de sentido*. En esta obra demuestra como es posible, a pesar de jugar todo en tu contra, incluso en las condiciones más extremas de deshumanización y sufrimiento, que el hombre puede encontrar una razón para vivir (Pascual, s/f).

CAPÍTULO 3:
LAS EMOCIONES

El mito Spock

Como hace saber Punset (2012), la ciencia ha estado limitada para el análisis de las emociones hasta que no ha contado con técnicas como la resonancia magnética, las cuales han permitido el análisis de los procesos cerebrales en la activación de las emociones. Gracias a los avances científico con los que se cuentan en el siglo XXI, se sabe que no existe ningún comportamiento en el que no estén vinculadas las emociones.

La serie televisiva, *Viaje a las Estrellas,* presente un personaje llamado Spock, el cual es del planeta de Vulcano y dichas personas son lógicas y carentes de emoción. El perfil del personaje es flemático, frío, calculador e inmensamente inteligente. Sin embargo, los conocimientos aportados por la Neurociencia han demostrado que es precisamente lo contrario; sin emociones no hay inteligencia que importe. Las emociones son básicas en el proceso para adquirir conocimiento, los aprendizajes significativos son productos de la interacción que fluye entre la persona que enseña y la persona que aprende. Dicho proceso para que se lleven a cabo con éxito deben contar con una parte cognitiva; pero sin menospreciar la parte emocional, porque en el caso que la experiencia de aprendizaje no sea agradable no existirá el vinculo por el transitará el conocimiento.

Es un mito creer que la razón pura y la lógica hacen a las personas perfectas. Como bien dice Maturana (1991): "todas las acciones humanas se fundan en lo emocional, independientemente del espacio operacional en que surjan, y no hay ninguna acción humana sin una emoción que la establezca como tal y la torne posible como acto" (p.21).

¿Qué es una emoción?

La tendencia es definir para poder comprender, en el caso de las emociones es algo complejo, como se ha dicho anteriormente, estamos ante un constructo que combina aspectos complejos a nivel fisiológico, social, intencional y psicológico dentro de una misma situación (Reeve, 2009).

Por ejemplo, cuando la emoción del amor aparece el cuerpo libera dopamina, serotonina y oxitocina que son los causantes de determinadas sensaciones. Sin embargo, cuando somos conscientes entramos en la dimensión cognitiva, por lo que aparece el sentimiento; que no es otra cosa que la explicación que nos damos a sí mismos de la emoción que estamos experimentando. Pero la emoción del amor hace que transmitamos unas señales que las personas que están en nuestro entorno pueden ver, como dice el dicho popular: *"el amor como el dinero no se pueden ocultar"*. Por último, la dimensión intencional de la emoción que estamos viviendo es la que nos mueve a la acción.

Las emociones se mueven a niveles multidimensionales, por lo que decir que la emoción es un sentimiento sería reducirla a su nivel subjetivo o cognitivo. Porque además, es un impulso del biológico, una reacción fisiológica y una fuente de motivación. Para ahondar más en el tema si la siguiente figura sirve de ilustración.

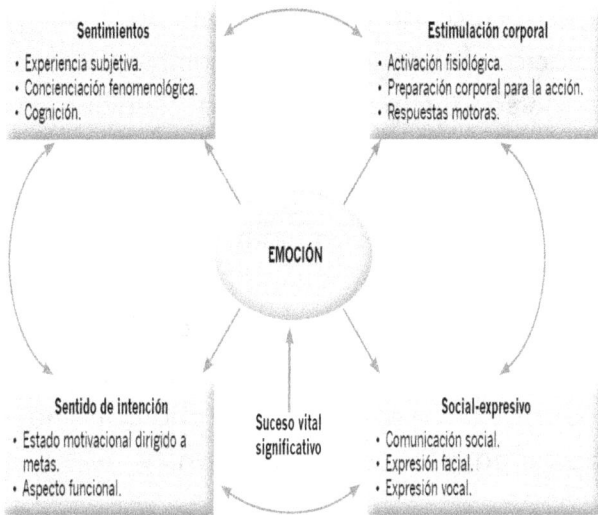

Sentimientos
- Experiencia subjetiva.
- Concienciación fenomenológica.
- Cognición.

Estimulación corporal
- Activación fisiológica.
- Preparación corporal para la acción.
- Respuestas motoras.

EMOCIÓN

Sentido de intención
- Estado motivacional dirigido a metas.
- Aspecto funcional.

Suceso vital significativo

Social-expresivo
- Comunicación social.
- Expresión facial.
- Expresión vocal.

- Figura. Los cuatro componentes de la emoción.
- Fuente: Reeve, J. (2009). *Motivación y emoción*. México D.F., México: McGraw-Hill.

El componente fisiológico de la emoción

Como bien explica Reeve (2009, p. 23): "El componente de estimulación corporal involucra nuestra activación neural y fisiológica (biológica), e incluye la actividad de los sistemas autónomos y hormonales mientras se prepara y regula la conducta adaptativa de afrontamiento del organismo durante la emoción". Cuando el ser humano experimenta un estado emocional el propio cuerpo se prepara para la acción.

Dependiendo de la emoción así será la activación fisiológica. Por ejemplo, cuando una persona experimenta una situación que hace que se active una emoción como la rabia, la ira o el temor, el cerebro segrega una hormona llamada adrenalina que es un neurotransmisor el cual hace que se incremente la frecuencia cardíaca, se contraiga los vasos sanguíneos y se dilata los conductos del aire, por lo que el organismo se prepara para la lucha o la huida.

Gracias a las emociones los seres humanos cuentan con un elemento que garantizan su supervivencia. En muchas ocasiones, las acciones preceden al entendimiento, es esos precisamente lo que ocurre cuando en una situación de peligro se reacciona y después se toma conciencia de lo vivido.

El componente social-expresivo de la emoción

El aspecto comunicativo de las emociones está en el componente social-expresivo. Por medio de posturas, gestos, expresiones faciales los humanos expresamos nuestros estados emocionales. El catedrático de Psicología de la Universidad de San Francisco, Paul Ekman, durante 40 años ha estado estudiando las expresiones faciales de más de 20 lugares del mundo, su teoría de la universalidad de las emociones básicas (ira, miedo, asco, alegría, tristeza y sorpresa) confirma el carácter universal y que se dan en todas las formas humanas de vida.

El medio de expresión del ser humano está íntimamente ligado a las emociones. Sin emociones no existiría la capacidad de comunicación. El vehículo entre el mundo introspectivo, íntimo y privado, y el mundo externo es la emoción. A diferencia de todos los seres existentes del planeta el hombre y la mujer, no solo tienen la capacidad de razonar y de crear cultura; sino que además cuentan con los medios para transmitirla. Las emociones son uno de los pilares, tanto de la elaboración del mundo interior, así como de la expresión del mismo. De ahí que las investigaciones científicas demuestren el valor que tiene el lenguaje no verbal en la comunicación humana. De hecho, en comunicación solo el 7% de lo que se dice es importante. En cambio, el 38% del éxito depende de cómo se dicen las cosas y un 55% del lenguaje corporal (Barboza, 2016). Por lo que las emociones son de vital importancia de cara al éxito o fracaso de nuestra capacidad de comunicarnos, tanto con nosotros mismo como con los que nos rodean.

A la medida que estamos interactuando con nuestros semejantes, a través de las emociones estamos transmitiendo cómo nos sentimos en esos momentos. De ahí el dicho popular, *"la cara es el espejo del alma"*. Nuestros estados emocionales son reflejados por nuestras expresiones faciales, gestuales y demás. Es de tener presente que los seres humanos no solo tenemos emociones; además, sabemos leer las que tienen otros/as.

- **Gráfica.** Expresiones emocionales.
- **Fuente:** Doble Equipo, 2016. Autodeterminación y Autismo.

57

El componente de intención

Como expresa Reeve (2009, p. 223): "el componente intencional de a la emoción su carácter dirigido a metas para realizas las acciones necesarias a fin de afrontar las circunstancias del momento". Esto explicaría como la historia de la humanidad está cubierta por cientos de héroes que no necesariamente visten capaz y antifaz. El elemento en común que todas las historias heroicas mantienen es el predominio de las emociones sobre las cogniciones. Preguntas como: ¿de dónde saco las fuerzas?, ¿cómo fue capaz?, ¿lo había hecho antes? y otras muchas más solo se pueden responder desde una dimensión emocional.

La historia de Gedeón es un claro ejemplo como personas en estados emocionantes fueron capaces de hacer grandes proezas. Con solo trescientos hombres, Gedeón peleó contra los madianitas cuyo ejército era *"como la arena del mar"* y los vencieron. Se dice también de ellos: *"Y vino Gedeón al Jordán y pasó y los trescientos hombres que traía consigo, cansados, más todavía persiguiendo"* (Jue.

8:4). Me gustaría aclarar que la dimensión intencional de la emoción es uno de los factores, al que hay que sumarles muchos más, como podrían ser la fe. Pero lo que si queda claro es que sin la activación emocional el cuerpo no llegaría a dichos extremos.

El componente sentimental de la emoción

El neurólogo Antonio Damasio (1994, en Ruiz, 2016), hace una clara diferencia entre emoción y sentimiento cuando dice:

Cuando experimentas una emoción, por ejemplo la emoción de miedo, hay un estímulo que tiene la capacidad de desencadenar una reacción automática. Y esta reacción, por supuesto, empieza en el cerebro, pero luego pasa a reflejarse en el cuerpo, ya sea en el cuerpo real o en nuestra simulación interna del cuerpo. Y entonces tenemos la posibilidad de proyectar esa reacción concreta con varias ideas que se relacionan con esas reacciones y con el objeto que ha causado la reacción. Cuando percibimos todo eso es cuando tenemos un sentimiento.

Cuando el ser humano es consciente la emoción, la ha impregnado de subjetividad, por lo que la convierte en sentimiento. Es decir, la forma en la que nos narramos o relatamos la experiencia emocional es lo que se llama sentimiento. El componente sentimental hace que se le dé significado a lo vivido. A través del sentimiento se expresa la calidad, intensidad, agradabilidad, etc. de la experiencia. La emoción en sí es objetiva, temor, amor, rabia, y muchas más, pero la forma en la que cada persona vive el temor o el amor está impregnada de mil factores más. Por lo que una misma experiencia emocional, según sea el ente que la viva la contará. Sin dudas, una respuesta emocional puede desatar sentimientos tan diversos como personas y pensamientos existe.

La objetividad de la emoción hace que ésta no sea buena o mala en sí. De hecho, en muchas ocasiones se pueden dar sin que seamos conscientes, es a raíz que la vivimos desde nuestro mundo interior cuando la emoción se convierte en un sentimiento positivo o negativo. Por lo que no somos responsables de vivir una determinada emoción; pero si somos responsables de regular nuestros pensamientos. El precisamente éste último el que mantiene vivo el sentimiento del suceso, ya sea bueno o malo.

Respuesta emocional

Para aproximarnos al funcionamiento de las emociones es imprescindible entenderlas desde el "todo", ya que éste es más que la suma de las partes. Los componentes emocionales se pueden distinguir, pero no separar. Puesto que no se dan por separado, puede existir uno que se destaque sobre los otros pero termina afectando a todos los restantes. Siguiendo a Bisquerra (2013, p.12), *"una emoción es un estado complejo del organismo caracterizado por una excitación o perturbación que predispone a una respuesta organizada"*. Por lo que se entiende que las emociones se generan como una respuesta a algo que ocurre, ya sea en el entorno como en lo interno de la persona. La siguiente figura expresa como es el proceso vivencial de las emociones.

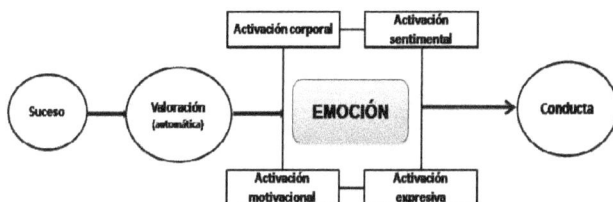

- **Figura.** Activación emocional.
- **Fuente:** Reeve, J. (2009). *Motivación y emoción.* México D.F., México: McGraw-Hill. Adaptada.

Como bien indica Bisquerra (2013, p.13), "gran parte de lo que el cerebro realiza cuando se produce una emoción sucede independientemente del conocimiento consciente; se realiza de forma automática". Este tipo de reacciones emocionales aparecen de forma innatas, por ejemplo, ante una situación de peligro reaccionamos sin hacer un previo análisis al respecto.

Sin embargo, existen activaciones emocionales que se hacen de forma voluntaria, ya que son el resultado de los sentimientos. Nuestros sentimientos son esa dimensión emocional a las que le hemos agregado nuestra subjetividad, lo que implica la activación de los procesos cognitivos como pueden ser la percepción, la categorización, el razonamiento, la memoria y otros más. Una vez creado el sentimiento, éstos activan de forma consciente nuestras emociones. Por lo que este tipo de reacción emocional no es innato sino voluntarias. Por lo que no cabe dudas, que los sucesos importantes de nuestras vidas conllevan una implicación emocional.

CAPÍTULO 4:
TIPOS DE EMOCIONES

Dependiendo de la perspectiva de estudio, las emociones se han ido clasificando de una forma u otra. Por lo que es normal encontrar múltiples formas de clasificarlas o de agruparlas.

Uno de los teóricos destacados del tema ha sido Ekman, el cual las clasificadas según las expresiones faciales. Sin embargo, Lazarus, otro teórico a tener en cuenta, las ha clasificado según su componente cognitivo.

Otras clasificaciones están girando entorno a conceptos como negativas, positivas o ambiguas. Como también agradables, desagradables, problemáticas, individuales o colectivas. A continuación, la siguiente gráfica expone las distintas clasificaciones según teóricos.

Autor	Criterio clasificatorio	Emociones básicas
Arnold (1969)	Afrontamiento	Amor, aversión, desaliento, deseo, desesperación, esperanza, ira, miedo,odio, tristeza, valor.
Ekman, Friezen y Ellsworth (1982)	Expresión facial	Ira, júbilo, miedo, repugnancia, sorpresa, tristeza.
Fernández-Abascal (1997)	Emociones básicas	Miedo, ira, ansiedad asco, tristeza hostilidad, sorpresa, felicidad, humor, amor.
Goleman (1995)	Emociones primarias y sus "familiares".	Ira, tristeza, miedo, alegría, amor, sorpresa, aversión, vergüenza.
Lazarus (1991)	Cognitivo	Ira, ansiedad, vergüenza, tristeza, envidia, disgusto, felicidad/alegría, estar orgulloso, amor/afecto, alivio, compasión y emoción estéticas.
Plutchick (1980)	Adaptación biológica	Aceptación, alegría, expectación, ira, miedo, repugnancia, sometimiento, ternura.

- **Figura.** Clasificación de emociones básicas.
- **Fuente:** Bizquera, 2000, p. 94.

Emociones positivas y negativas

Autores como Goleman (1996) y Bisquerra (2000), hacen una clasificación entendida por: negativas, positivas o ambiguas. Este tipo de clasificación de designa un calificativo de gatito a la emoción en sí, sino más bien, se refiere al tipo de sentimiento que suscita en el individuo que la experimenta. Es decir, una persona que se le activa la emoción del asco vive un momento desagradable, tiene una experiencia negativa; pero no necesariamente mala, ya que le puede salvar la vida. Por ejemplo, tomar algo que está envenenado puede ser una sensación negativa, pero es precisamente ese asco el que te puede evitar de ser envenenado. Repetimos hasta la saciedad, que las emociones no son ni buenas ni malas; son emociones y están para vivirlas.

Emociones negativas

Siguiendo a Bisquerra (2000, p. 91), "*las emociones negativas son desagradables, se experimentan cuando se bloquean una meta o una pérdida*". Este tipo de emociones precisan de bastante energía, ya que activan al organismo para moverse con rapidez, ya que se dan en situaciones que se consideran de urgencias.

Por ejemplo, cuando una persona percibe una situación bloqueadora o amenazante, una de las emociones que se activan puede ser la ira. Cuando este estado emocional se vivencia, hay un cambio fisiológico en el organismo, el funcionamiento cardiovascular se acelera porque hay un aumento de hormonal, que hace que la sangre vaya más acelerada. La función emocional prepara al cuerpo para una reacción de defensa o de ataque.

Según hace saber el Dr. Mario Alonso Puig, la presencia elevada de la hormona cortisol se produce cuando las personas están viviendo una situación que les provoca ira. Los niveles alto de cortisol, hacen que los glóbulos blancos funcionen peor, por lo que la activación prolongada de esta emoción produce grandes males, no sólo a la vida psíquica, sino también biológica (Ines.es, 2012).

Las emociones negativas tienen una función netamente adaptativa. Es decir, son imprescindibles para garantizar nuestra subsistencia en un momento determinado. Por ejemplo, el asco nos ayuda para no morir envenenados. Sin embargo, cuando las emociones negativas dejan de cumplir su función adaptativas y pasan a controlar nuestros sentimientos terminamos siendo esclavos de ellos. Por lo que pasamos a un estado tóxico en nuestras vidas. La ira, el temor, la aversión y otras más, son emociones para un momento de nuestras vidas, no para hacer de ellas una marca de nuestra personalidad.

Emociones positivas

En cuanto a las emociones positivas, el adjetivo no está determinando la calidad de la emoción en sí; sino más bien, la sensación percibida por quien la vivencia. El hecho de que produzca un estado agradable no precisamente significa que sea lo mejor para la persona.

Sirva de ejemplo el dicho popular: "el amor es ciego", precisamente cuando una persona se siente atraída por otra vive un estado emocional que es conocido como la "química del amor". A nivel fisiológico el organismo vive un estado de alteración producido por hormonas y neurotransmisores como dopamina, serotonina y oxitocina. La química del amor hace que las personas se sientan excitados, pletóricos/as, la energía mana por cada poro; al punto que la actitud positiva hace que todo se vea de color de rosa. Sin embargo, cuando la cascada química desciende por la habituación, las personas pueden llegar a creer que han perdido el amor. Es cierto cuando se oye decir: "no lo siento", claro que sí, un descenso de las hormonas que activan las emociones hace que otras partes del cerebro se vuelvan a activar; y por consiguiente, se vuelven más críticas.

En dicho caso podríamos decir que la persona que vive una experiencia de enamoramiento ha activado emociones positivas, pero no significa que sean buenas o malas, dichas calificaciones son de carácter subjetivos, por lo que dependerá de cómo narren las experiencias que han vivido, más que de la emoción en sí.

Los beneficios de las emociones positivas

Es la capacidad de decidir lo que nos distinguen de otros seres creados. Por lo que ser positivo o negativo es una elección que cada cual toma. Lo que sí está claro es que las evidencias científicas demuestran los innumerables beneficios de ser positivos/as.

La pionera en psicología positiva Bárbara Frerickson (2009), enseña que las emociones positivas son el medio para mejorar el bienestar psicológico, haciendo que aumente el estado de felicidad. Pero también, este tipo de emociones, mejoran la salud, previenen enfermedades y reducen la ansiedad. Así mismo facilitan el pensamiento eficiente, desata la creatividad y la energía vital.

Frerickson (s/f, en Velasco, 2013), enseña que tanto las emociones negativas como las positivas tienen una función adaptativa, pero se mueven a ritmos diferentes. En el caso de las emociones negativas, la capacidad de adaptación es inmediata. Es decir, la emoción responde inmediatamente a la percepción que se tiene del estimulo. Por ejemplo, si una persona percibe algo que activa la emoción del temor, la respuesta emocional es inmediata. Por lo que el organismo se prepara para actuar, huir o luchar.

No ocurriendo así con las emociones positivas, éstas no responden con tanta inmediatez, el hecho de tener más de tiempo entre estimulo y respuesta, dicha ampliación abre el rango de pensamientos y acciones. Por ejemplo, emociones como la curiosidad hace que las personas puedan explorar y aprender. Por medio de las emociones positivas los seres humanos pueden construir un abanico de recursos tanto físicos, cognitivos como sociales, que dada una circunstancia determinada cuenta con muchas más opciones.

Así emociones como la gratitud, la cual aparece cuando se es agradecido por un detalle o regalo. Crea una apertura y mueven a hacer algo por dicha persona o por otra. Frerickson (s/f, en Velasco, 2013) expone 10 emociones positivas: alegría, gratitud, serenidad, interés, esperanza, orgullo, diversión, inspiración, asombro y amor.

Emociones primarias y secundarias.

Otro tipo de clasificación que aparece utilizadas por los teóricos gira en torno a los conceptos primarias y secundarias. La forma de clasificarlas varía según los distintos teóricos, sobre todo, cuando se trata de de las emociones primarias. Como se ha dicho anteriormente, no tiene nada que ver el grado de importancia entre unas emociones u otras.

Emociones primarias

Por un lado, Ekman, tras su magistral investigación en la que analizó de manera sistemática el lenguaje corpora, descubrió que existen expresiones faciales que son de carácter universal, independientemente al contexto en el que se desarrolle la vida humana. Es decir, en todas las culturas los individuos que la forman comparten las mismas emociones básicas. Ekman comprobó que emociones como el cólera, la felicidad, la sorpresa, el asco, la tristeza y el miedo trascienden a la influencia cultural.

Por otro lado, está la forma de clasificar que expone Siegrist (s/f, en Crecerfelices.es, 2016), donde dice que existen cuatro emociones que están presentes en el humano desde su nacimiento y a partir de los primeros meses van apareciendo otras cuatro que son la que los niños/as van transformando en sentimientos.

Sin embargo, en lo que parece que están de acuerdo es en que las emociones primarias, a diferencias de las secundarias, las primeras carecen de influencias de las culturas y de las propias interpretaciones de los individuos.

Emociones secundarias

Las emociones secundarias se les conoce por varios nombres, entre ellos: complejas o sociales.

- Sociales:

Se les denomina emociones sociales por la sencilla razón que tienen sentido cuando se mantiene una relación con otras personas. Aparecen en determinados contextos sociales, que sin la presencia de otros/as no tendrían sentido. Por ejemplo, la envidia no existiría sin relacionarnos con nuestros semejantes. En cuanto a la empatía más de lo mismo. Y que decir del enamoramiento, no sería posible sin ser atraídos/as por alguien.

* Complejas:

Otras de sus características es que se derivan de las básicas o primarias. Pero a diferencia de éstas, suelen ser una mezcla de varias emociones, la cual tienen en común el mismo objetivo. Por ejemplo, una persona que vive un estado emocional caracterizado por los celos, se pude decir que son varias las emociones que vive. Por un lado está presente el amor, el temor a la pérdida, el enojo, la rabia, y algunas más, según sea la intensidad.

Como hace saber Bisquerra (2000, p. 93), *"a veces por combinación entre ellas, como las mezclas de colores que un pintor hace en su paleta".* Queda claro que las emociones primarias son la materia prima de donde se crean las secundarias. La influencia de las normas sociales, las estructuras sociales, los sistemas de valores y las creencias, entre otras cosas, hacen que aparezcan emociones condicionadas por ambientes y subjetividades.

Emociones en segundo plano

Normalmente, las clasificaciones de las emociones se dividen entre las primarias y secundarias, pero también hay otra forma de calificarlas, que no es tan popular; pero no menos importante. Estas emociones son conocidas con el nombre, emociones en segundo plano.

El neurólogo Antonio Damasio fue el primero en definirlas, destacando que son las emociones que se experimentan según el estado de ánimo en el que las personas se encuentran. Si las emociones primarias aparecen bruscamente, con alta intensidad y con un descenso rápido; las secundarias suelen estar presente más tiempo, siendo las sensaciones que la acompañan bien marcadas; las emociones en segundo plano son de carácter fluctuante y son las más duraderas (Ibarrola, 2013).

Emociones primarias	Emociones secundarias	Emociones en segundo plano
Los activadores generalmente son externos. por ejemplo, la amenaza, el obstáculo o la pérdida, que son situaciones externas que provocan miedo, enfado o tristeza.	Los activadores pueden ser externos. Por ejemplo, ver una cara conocida, o internos, el recuerdo de un amigo enfermo que puede morir.	Los activadores son en general internos. Por ejemplo, dar vueltas de forma más o menos consciente a la crítica velada de un compañero. La imagen que se tiene de la situación están tan en segundo plano como la emoción que lo acompaña.

- **Figura.** Diferencia entre las emociones primarias, secundarias y en segundo plano.
- **Fuente:** Chabot y Chabot, 2009, en Ibarrolla, 2013. p. 146.

Las emociones en segundo plano son esas que influencia por más tiempo en el estado de ánimo de las personas. Son los típicos malestares que se quedan en el pensamiento rumiante, dándole vueltas y que afectan la conducta por largo tiempo. De hecho, una vez acabado el pensamiento, el malestar sigue estando y las personas se sienten mal sin saber el porqué. Este tipo de emociones son las que se viven de forma menos intensas, más duraderas y menos conscientes.

Familia de emociones

Bisquerra hace uso del término, las familias de emociones, la que expresa como un conjunto de emociones que comparte la misma especificidad, las que se pueden diferenciar por la intensidad con la que se dan. Es cuestión de ligeros matices lo que las puede determinar.

Según el autor anteriormente citado (2000, p. 95), "*Las diversas emociones que se pueden incluir dentro de una misma familia a veces pueden ser simples sinónimos*". Sin embargo, la intensidad con la que se de una emoción puede hacer que se pueda distinguir. Por ejemplo, el miedo, el terror, o el pánico, son emociones de la misma familia, pero es la fuerza con la que se experimente lo que permite hablar de un estado o de otro.

A continuación, en la figura X, se expone una clasificación de las emociones en relación a su familia.

-EMOCIONALIDAD-

CLASIFICACIÓN DE LAS EMOCIONES

1. **Emociones negativas**

A. **Ira:** Rabia, cólera, rencor, odio, furia, indignación, resentimiento, aversión, exasperación, tensión, excitación, agitación, acritud, animadversión, animosidad, irritabilidad, hostilidad, violencia, enojo, celos, envidia, impotencia

B. **Miedo:** Temor, horror, pánico, terror, pavor, desosiego, susto, fobia.

C. **Ansiedad:** Angustia, desesperación, inquietud, estrés, preocupación, anhelo, desazón, consternación, nerviosismos.

D. **Tristeza:** Depresión, frustración, decepción, aflicción, pena, dolor, pesar, desconsuelo, pesimismo, melancolía, autocompasión, soledad. desaliento, desgana, morriña, abatimiento, disgusto, preocupación.

E. **Vergüenza:** Culpabilidad, timidez, inseguridad, vergüenza ajena, bochorno, pudor, recato, rubor, sonrojo, verecundia.

F. **Aversión:** Hostilidad, desprecio, acritud, animosidad, antipatía, resentimiento, rechazo, recelo, asco, repugnancia.

CLASIFICACIÓN DE LAS EMOCIONES

2. **Emociones positivas**

A. **Alegría:** Entusiasmo, euforia, excitación, contento, deleite, diversión, placer, estremecimiento, gratificación, satisfacción, capricho, éxtasis, alivio, regocijo.

B. **Humor:** (Provoca: sonrisa, risa, carcajada, hilaridad).

C. **Amor:** Afecto, cariño, ternura, simpatía, empatía, aceptación, cordialidad, confianza, amabilidad, afinidad, respeto, devoción, adoración, veneración, enamoramiento, ágape, gratitud.

D. **Felicidad:** Gozo, tranquilidad, pan interior, dicha, placidez, satisfacción, bienestar.

3. **Emociones ambiguas:** sorpresa, esperanza, compasión.

4. **Emociones estéticas.**

- **Figuera.** Clasificación de las emociones
- **Fuente:** Bisquerra, 2009.

78

CAPÍTULO 5:
FUNCIONES DE LAS EMOCIONES

Función de adaptación

Como bien indica Reeve (2009, p.36), *"las emociones no se dan en el vacío; ocurren por una razón"*. Todas las emociones poseen unas determinadas características que le dan funcionalidad. Es decir, hacen que sean útiles y necesarias para la vida. De acuerdo con Plutchik (1980, en Reeve, 2009, p.36), las emociones cumplen ocho propósitos diferentes: protección, reproducción, reunión, afiliación, rechazo, exploración y orientación.

A través de las emociones los humanos nos podemos adaptar a las distintas circunstancias que nos depara la vida en los espacios físicos y sociales. Es de vital importancia que tengamos emociones, ya que por medio de éstas los humanos y los animales sus organismos están preparados para ejecutar conductas determinadas que les garantiza la subsistencia en los distintos ambientes. Sirva de ejemplo, la utilidad de la emoción de temor para evitar peligros que nos harían perder la vida. Que sería de la humanidad si no hubiese tenido una emoción como la del asco, miles de personas hubiesen muertos envenenadas por la ingesta de alimentos tóxicos. No cabe la menor duda, las emociones son el medio que nos capacita para la adaptación en el medio, ya sea físico como social.

Emoción	Situación de estímulo	Conducta emocional	Función emocional
Temor	Amenaza	Corre, volar	Protección
Enojo	Obstáculo	Morder, golpear	Destrucción
Alegría	Pareja potencial	Cortejar	Reproducción
Tristeza	Pérdida de persona valiosa	Llanto	Reunión
Aceptación	Membresía de grupo	Compartir	Afiliación
Asco	Objeto desagradable	Vomitar	Rechazo
Anticipación	Nuevo territorio	Examinar	Exploración
Sorpresa	Objeto novedoso repentino	Detenerse	Orientación

- **Cuadro.** Perspectiva funcional de la conducta emocional.
- **Fuente:** R. Plutchik, "Functional View of EmotionalBehavior", en Emotion: A PsychoevolutionarySyntesis, 1980, Nueva York, Harper y Row, 1980, p.289. Adaptado por Reeve, J. (2009). *Motivación y emoción.* México D.F., México: McGRAW-HILL.

Función Social

Por medio de las expresiones físicas que causan las emociones los seres humanos podemos interactuar con nuestro entorno. Si a través de las emociones somos capaces de comunicarnos, significa que además de la consciencia de nuestros estados emocionales, podemos observar los comportamientos de los seres que nos rodean. El vínculo más próximo de conexión con nuestro entorno es el emocional. Sin dudas, las emociones son vitales para la creación de redes de apoyo social.

Las primeras relaciones que iniciamos los seres humanos son a través del canal emocional. Desde el momento que se nace, innatamente se posen la habilidad de transmitir emociones. Es decir, los bebes están dotados de la capacidad para expresar alegría, asco, tristeza y demás. Si bien es cierto, que no poseen capacidad cognitiva por falta de desarrollo, la capacidad emocional les permite que sus cuidadores puedan conocer cómo se están sintiendo en esos momentos.

En el contexto psicológico la sintonía que se dan entre dos personas, las cuales se conectan y se comunican, se le conoce por el término, "repport". Cabe destacar que conectar no representa necesariamente que se está totalmente de acuerdo con el contenido de la comunicación. Más bien de lo que se trata es de compartir los mismos canales para crear una conexión, al punto que las personas se sienten comprendidas y esto no es posible si no existe una vinculación emocional.

De la misma forma que se necesita conectarse a una red wifi para que se pueda tener acceso a internet, así pues, las personas si queremos tener acceso a nuestros semejantes necesitamos conectar previamente, de lo contrario se verá frustrada nuestra comunicación. Por lo que, gracias a la capacidad funcional de las emociones a nivel social, las personas conectamos y creamos redes de apoyos imprescindibles para nuestra vida como seres sociales.

Función motivacional

Las emociones y las motivaciones están íntimamente relacionadas. De hecho, etimológicamente comparte una vinculación con el verbo latino: *"movere"*; tanto que ambas palabras conllevan al movimiento. La distinción de ambos constructos es compleja, al punto que se puede diferenciar ciertos matices. Siguiendo a Reeve (2009, p.6) "*La motivación es un proceso interno que energiza y dirige el comportamiento humano*". Las motivaciones pueden ser externas o internas, ésta última tiene como fuentes: las necesidades, las cogniciones y las emociones. Por lo que las personas nos sentimos motivas a actuar bien por motivaciones externas o internas, pero son precisamente las emociones las que dotan de energía que llevan a la acción.

Sin embargo, no es suficiente tener la consciencia de una necesidad o tener una presión externa para movilizarnos, además, se necesita de la activación emocional. No cabe la menor duda, una persona motivada; es una persona emocionada. "*La emoción llena de energía la conducta motivada y una conducta dotada de alguna emoción, se realiza de formas más intensa*" (Sapinex, 2014).

De ahí que nos encontremos con personas que tienen necesidades, pero no tienen la motivación necesaria para satisfacer dicho estado carencial, por lo que podríamos decir que no está motivada, pero a su vez, sabríamos que carece de activación emocional. Es precisamente la activación emocional la que convierte los motivos en motivación.

Motivos o motivados

No es lo mismo tener motivos de sobras para hacer algo que estar motivado. La diferencia estriba en la implicación emocional, la cual está conectada íntimamente con la actitud hacia la conducta. En cuanto a llevar a la acción, da igual si la motivación de la persona es interna o externa en ambos casos pueden ser beneficiosas siempre y cuando las personas cuenten con la actitud correcta. La actitud hacia el motivo es la que permite que se active la emoción correcta.

Permítame explicar dicha idea, por ejemplo, un joven llamado Daniel, dice la Biblia que *"propuso en su corazón no contaminarse con la comida del rey"* (Daniel 1:10). Este muchacho tenía la convicción que los alimentos que se ofrecían habían sido sacrificados a los ídolos babilónicos, a demás de contar entre los productos alimenticios los que estaban prohibidos por la ley judaica. Si nos preguntamos: ¿qué motivó a Daniel hacer lo que hizo? la respuesta sería una profunda convicción que suscitó en él la necesidad de guardar su corazón ante el peligro de la contaminación con la *"comida del rey"*. Por lo que estamos ante una motivación interna, que contó con la actitud correcta, lo que desató la energía emocional para conseguir su objetivo. Daniel no se privó de dichos alimentos esperando recibir alguna recompensa de alguien, no esperó aplausos, galardones o títulos; fue movido por un interés personal, el cual nadie en la tierra podría valorar, solo el Dios al que él servía.

Sin embargo, David por una motivación externa fue capaz de enfrentarse al paladín más temido del momento, el gigante Goliat. El pastor de ovejas preguntó: *¿Qué harán al hombre que venciere a este filisteo, y quitare el oprobio de Israel?...* (1 Samuel 16:25-27). En dicho caso, una motivación externa, más la actitud correcta desató en él la capacidad emocional de enfrentarse a alguien que estaba por encima de sus posibilidades. La actitud correcta llevó a David a evadir toda emoción de temor ante una situación amenazante. En el caso que hubiesen obligado al rey David a enfrentarse a Goliat, y éste tuviese la actitud incorrecta, el miedo y el pánico lo hubiesen aterrorizado, no hubiese sido capaz de ni de mover un brazo en contra del gigante. Pero como contó con la actitud correcta, su movimiento contó con la energía suficiente para alcanzar la proeza.

En ambas ocasiones, la motivación, tanto externa como internan, han contado con la actitud correcta, por lo que la activación emocional es la energía para conseguir lo que se habían propuesto.

Sin embargo, existen ocasiones cuando las personas tienen motivos, pero no cuentan con la actitud correcta, haciendo esto que no se activen las emociones que llevan a la acción correcta. En dicho caso, podemos decir que la persona no está motivada, puesto que no existe motivación sin una implicación emocional.

Por ejemplo, un adolescente está obligado a asistir a clase. Existe un motivo externo que lo mueve, a pesar de que no le gusta lo que hace. En dicho caso, el joven tiene que ir si o si al centro educativo; pero como no es de su agrado, no cuenta con la activación emocional que lo hace no estar motivado. No van a faltar los casos en los que jóvenes en estas situaciones sean conscientes de la necesidad de estudiar, pero no es una cuestión de saber o no saber; se trata de motivación, la cual no se da sin la combinación entre actitud y emoción.

- **Gráfica.** Motivo + Emoción = Motivación
- **Fuente:** Elaboración propia

La importancia de las emociones

Si alguna vez se ha preguntado: ¿por qué tienes emociones? Ten presente que la vida nos proporciona retos, dificultades y problemas, las emociones son el medio para hacerles frentes. Por otro lado, gracias a las emociones podemos coordinas, gestionar y dirigir los sentimientos, la activación, el propósito y la expresión. Por medio de ellas podemos establecer nuestra posición en relación con el ambiente, equipándonos con respuestas específicas, eficientes, las cuales están diseñadas especialmente para los problemas para los problemas de la supervivencia como seres integrales (Reeve, 2009, p.238).

Las nuestras dimensiones emocionales constituyen uno de los pilares fundamentales de los comportamientos que tenemos tanto con nosotros mismo, como con las personas que nos rodean. Por lo que teniendo una clara atención hacia nuestras emociones nos permitirá hacer un uso adecuado de ellas.

De aliado a enemigo

Como se podido apreciar, las emociones son el recurso más apreciado para vivir, tanto con nosotros mismo como con el medio que nos rodea. Sin embargo, lo que debería servirnos como medio de adaptación e interiorización se ha convertido en el problema de gran parte de la población occidental. La Asociación Americana de Psicología comenta al respecto (2016):

La tercera parte de la población en los Estados Unidos vive en un estado de estrés extremo, mientras que cerca de la mitad (48 por ciento) considera que su estrés ha aumentado en los últimos cinco años. El estrés está afectando enormemente a las personas, contribuyendo al surgimiento de problemas de salud, relaciones deficientes y pérdida de productividad laboral, según los resultados de una nueva encuesta dada a conocer hoy por la Asociación Americana de Psicología.

A través de la historia la humanidad ha ido avanzando en el dominio de la naturaleza y explorando nuevos conocimientos. No caben dudas que los humanos han aprendido a desarrollarse y desde la vida más rudimentaria se ha pasado a otra totalmente sofisticada. Valga como ejemplo el avance en la comunicación humana, si hace unas décadas para hacer una llamada internacional era una utopía, los medios con los que se cuentan en el siglo XXI han puesto las distancia a un clip de pantalla táctil. En resumidas cuentas, los humanos han aprendido mucho del mundo exterior; sin embargo, la gestión del mundo interior es de las asignaturas pendientes que muchas personas están pendientes de aprobar.

Las personas han aprendido a manejar aviones que transportan a personas de un continente a otro, han aprendido a poner un satélite en el espacio, pero son más los que ignoran que los que saben hacer un uso inteligente de sus emociones. Es muy normal ver a personas dominadas por el estrés, el temor, la ansiedad y otras múltiples emociones que las desbordan.

Como bien indica Cury (en Cavalletti, 2012):

En realidad, son raras las personas que se miran hacia adentro. Somos adictos en mirar para afuera, en mapear el mundo exterior, físico. Pero tenemos miedo de mapear nuestra propia historia, reconocer nuestros conflictos, nuestra fragilidad, nuestros errores, tenemos dificultades para pedir disculpas a nuestros hijos, parejas y a las personas con las que convivimos.

Sin dudas, por más que avance la humanidad en el desarrollo tecnológico y se enfoque en la vida externa, a menos que exista congruencia con el mundo interior, todos los avances en vez de beneficiar jugaran en nuestra contra. Los problemas de los seres humanos el mundo exterior los refleja, pero el verdadero problema nace y está en el corazón del hombre y la mujer.

Beneficios de las emociones

Siguiendo a Sánchez-Laguía (2013) entre los beneficios de hacer un uso adecuado de las emociones destacan:

- Propicia nuestro bienestar físico
- Fomenta la motivación por el cambio, el entusiasmo
- Desarrolla la autoestima
- Favorece una actitud positiva ante la vida
- Enseña el manejo adecuado de las dificultades que inevitablemente surgen en la vida
- Permite un mejor desarrollo de nuestras relaciones personales, en el área familiar, afectiva, social y profesional.
- Mejora el rendimiento laboral

Por estos y por múltiples motivos más, el uso inteligente de nuestras emociones es imprescindibles para vivir. Si bien es cierto que las emociones fuera de control son una fuente de problemas; en el supuesto que fuese posible ser humano y no tener emociones, no se viviría; se existiría. Las emociones en sí no son malas, es el uso que hacemos de ellas lo que hace que se vuelvan en nuestra contra.

CAPÍTULO 6:
ME EMOCIONO; LUEGO SIENTO

¿Qué son los sentimientos?

Si bien es cierto que durante las páginas anteriores se han hecho alusión que las emociones no son sinónimas de los sentimientos, a pesar de la vinculación tan estrecha entre ambas. En el siguiente apartado veremos el tema más concretamente.

La primera acepción que aparece en El Diccionario de la Real Academia Española (2016) en relación al término sentimiento es: "*Hecho o efecto de sentir o sentirse*". Actividad que es imposible, a menos que se disponga de autoconciencia. Solo los seres que poseen la capacidad de reconocerse a sí mismo, teniendo conocimiento de su propia existencia, pueden hacer una evaluación del estado en el que se encuentran. Es decir, como experimentan desde la propia subjetividad lo que están viviendo.

Como bien dice Sarrió (2016), "el sentimiento es la representación y la elaboración cognitiva de determinadas experiencias como: las emociones, las percepciones, el estado del cuerpo, los recuerdos y los pensamientos del estado del cuerpo en un proceso reactivo". Los sucesos que producen estados de ánimo, que impresionan a las personas es lo que llamamos, sentimientos.

En pocas palabras, los sentimientos son el reconocimiento consciente de la situación que se ha vivido. Son las experiencias que tenemos como seres vivos en la que estamos implicados, complicados o interesados (Fernández-Poncela, 2011).

Emociones y sentimientos

Los sentimientos aparecen en cuanto a que como seres humanos somos consciente, pero que también que poseemos la capacidad de emocionamos. Los sentimientos aparecen como resultado de las emociones, las cuales se experimentan y se es consciente del estado que se vive. Se dan las ocasiones en la que las emociones se viven, pero no se es consciente, por lo que no hay sentimiento al respecto.

Como Damasio (2011) dice: *"las emociones se representan en el teatro del cuerpo mientras que los sentimientos se representan en el teatro de la mente"*. Si las emociones tienen un sustrato físico; los sentimientos son mentales. Las emociones son públicas; los sentimientos privados.

A diferencia de las emociones, los sentimientos suelen ser menos intensos pero la duración de estos es más prolongada. Las emociones aparecen y la forma que la experimentamos es lo que permite, que, a su vez, nos vuelvan a activar la emoción al recordarla.

Formación de los sentimientos

Los primeros sentimientos que aparecen en los humanos están relacionados a los que los científicos sociales llaman, apego. A raíz de la relación con los progenitores se comienza a configurar el mundo sentimental. A través de la relación con los padres, se aprende a amar, este sentimiento será el fundamento del comportamiento social. Dependiendo del tipo de lazo que se desarrollen y del progreso de los mismos será la seguridad que tengan de sí. Sin dudas, los vínculos afectivos que se desarrollan en la infancia condicionan la personalidad y la capacidad de amar, respetar y orientar la conducta social.

Con respecto al tema, John Bowlby (1969) desarrolló la teoría del apego. La clasificación que hizo de éstos ha sido:

- **Estilo de apego seguro**: es el resultado de padres que demuestran amor, protección y atención a las demandas del bebe. Lo que permite que se baya formando los primeros sentimientos de confianza.
- **Estilo de apego ansioso**: éste se da cuando la disponibilidad de los cuidadores es intermitente, tanto física como emocionalmente.
- **Estilo de apego desorganizado-desorientado**: Las personas cuidadoras ante las demandas del niño posee respuestas desproporcionadas que lo pueden llevar a la desesperación. Por lo que el pequeño queda desorientado y falto de seguridad.

A la medida que los seres humanos se van desarrollando van adquiriendo competencias cognitivas por lo que pueden ir formando sus sentimientos. Desde sus primeros días van formando sus mapas mentales que guiarán sus comportamientos. Si un bebe va percibiendo al mundo como un lugar hostil, sus primeros mapas lo llevarán a percibir la vida como una amenaza constante. La falta de satisfacción de sus necesidades lo llevará, probablemente, a tratar de satisfacerla de la manera menos adecuada. Pero si por el contrario, sus necesidades son satisfechas, serán mayores las posibilidades que desarrollen sentimientos de seguridad que le hagan percibir a vida de forma diferente. Al punto de tener la seguridad para afrontar los nuevos retos que constantemente se les presentan.

Normalmente, no somos conscientes que los niños/as antes de desarrollar el pensamiento cognitivo, desarrolla el afectivo o emocional. Por lo que sus sentimientos son extremadamente delicados, ya que su capacidad para entender el porqué se siente mal o bien cuenta con una capacidad cognitiva limitada. Considerando esto, es de tener en cuenta, que el amor es la base fundamental para desarrollar sentimientos con los que se vea la vida desde la positividad.

Lo que no cabe dudas es que todo lo que nos sucede en la infancia nos condicionan. Son como gafas que nos vamos poniendo o nos ponen que condicionan nuestra forma de interpretar la vida. Da igual que seamos conscientes o no, al fin y al cabo, nuestras vivencias modelan nuestra manera de ser y de ver la vida.

Nuestros relatos

Si nos parasemos a pensar cómo han sido las formas en las que hemos construidos nuestros mapas mentales descubriremos que cada ser humano tiene sus propias historias, las cuales están marcadas por su propia perspectiva de la vida. De ahí que entre lo sucedido y la historia que creamos hay un abismo llamada subjetividad.

Dependiendo de cómo percibamos lo sucedido, las emociones que susciten y los recuerdos que se activen dotaremos de significado lo sucedido. Pero es de tener en cuenta que la formación del relato hace que lo ocurrido sea una mera interpretación de nuestra realidad.

En cuanto a humanos que somos, poseemos la capacidad de dar significado a las experiencias que vivimos, esto es posible porque podemos narrarla, es decir podemos representar nuestros relatos ya que, por un lado, somos conscientes de lo sucedido; y por otro, disponemos de los medios simbólicos para representarlos. En pocas palabras todos/as tenemos historia, las cuales son el resultado de lo que vivimos más el sentido que le damos a ellas. Una vez narradas, tanto a nosotros mismos como a nuestros semejantes, pasan a ser nuestra verdad. Sí, porque es cómo la hemos vivido. Las personas pueden estar más o menos de acuerdo, pero lo que no se puede negar es que lo sucedido está cargado de nuestras experiencias previas y, por consiguiente, forman nuestra verdad.

No me cabe la menor duda de que la forma en la que narramos o relatamos lo vivido es lo que la carga de subjetividad, por lo que lo convertimos en nuestras historias.

Cómo se generan los sentimientos

Como se ha podido apreciar, los sentimientos son el resultado de cómo interpretamos las emociones que vivimos. La ecuación sería:

Emoción + Cognición = Sentimiento.

Sirva de ejemplo, un coche frena bruscamente ante nosotros, la situación hace que la respuesta que da nuestro organismo sea aceleración de las palpitaciones, segregamos sudor y el rostro se nos pone blanco. Las emociones dominantes han sido temor y angustia. Pero si la evaluación que hacemos es negativa, la narración girará en torno a "por poco me mata", es precisamente este tipo de relato el que hace que el miedo y la angustia se sigan activando.

Cómo el orden de los factores no altera el producto, también se puede dar la siguiente fórmula: cognición + emoción = sentimiento.

Otro ejemplo sería, por múltiples motivos evoco en pensamiento, vuelvo a recordar aquel conductor agresivo que por poco me quita la vida. En pocas palabras, saco del baúl de los recuerdos el relato vivencial, afloran mis sentimientos, lo que inevitablemente hace que se vuelvan a activar las mismas emociones. A través de un pensamiento logro sentirme atemorizado y angustiado como el primer día que viví la experiencia.

De esa forma, el estar relatando constantemente la misma historia es lo que nos ata a ella. Terminamos siendo esclavos del pasado y anclando al mismo, condicionando nuestras vidas de cara al futuro. La mejor forma de mantener vivo un sentimiento es estar constantemente haciendo de él nuestra mejor historia.

- **Figura.** Generación de sentimientos desde la parte fisiológica.
- **Fuente:** Russek, S. 2007.

Reedición de nuestras historias

Como bien indica las distintas investigaciones del Dr. Cury (2007), el cerebro humano cuenta, con lo que la llama, el Registro Automático de Memoria (RAM). La función vital está relacionada al almacenamiento automático de todas las imágenes que captamos, todos los pensamientos y emociones, bien sean positivos como negativos. Al punto que todos estos procesos quedan registrados de forma involuntaria por el fenómeno RAM.

Otra de las peculiaridades de la RAM es que las emociones definen la calidad del registro. Por lo que dependiendo de la intensidad emocional será la calidad de la incursión. Emociones intensas ahondan más profundamente en la memoria que otras emociones más sutiles. De ahí que las vivencias que están marcadas por el odio, el temor, la angustia o el amor sean las que más calen en nuestra memoria y las que más recordemos durante nuestra existencia.

A su vez, estos registros son los más influyentes para nuestra capacidad perceptiva como emocional. Las influencias indirectas de nuestras vivencias emocionales, interpretadas por nuestros marcos de verdades o mapas mentales, influencia en nuestros estados de ánimo y en nuestra personalidad.

Hay historias que las tenemos escritas en la tabla de nuestras mentes como si marcadas a fuego se tratase. Las narraciones construidas acerca de nuestros progenitores son de las más significativas de nuestras vidas. Así sucesivamente podríamos contar a muchas más. Estos registros no se pueden borrar, lo único que podemos hacer es reeditar a través de nuevas experiencias, las cuales se escriben encima de las ya existentes.

La reedición de nuestras historias es sumamente compleja; pero no imposible. Las historias dominantes, en general, son marcadas por un nivel alto de emocionalidad, lo que hace que su nivel de subjetividad sea muy elevado. Normalmente lo que más nos marca se da en escenarios en los que las emociones son los actores principales. Por lo que son historias pocas objetivas y con muchos matices experimentales.

Para poder reeditar la RAM se necesita una nueva experiencia que permita reeditar la historia, haciendo posible otra narración, creando una historia alternativa a lo sucedido. Repito, que no es fácil, pero si posible.

La historia bíblica relata sucesos significativos en la vida del joven José. Tras se vendidos por sus hermanos, separado de su anciano padre y dado por muerto. Tiempo más tarde, los avatares de la vida le devuelven la oportunidad de ver a sus hermanos. Nótese como el autor bíblico hace énfasis en dicho encuentro.

Y se apartó José de su lado y lloró. Y cuando volvió a ellos y les habló, tomó de entre ellos a Simeón, y lo ató a la vista de sus hermanos **(Génesis 45:2)**

Y lloró tan fuerte que lo oyeron los egipcios, y la casa de Faraón se enteró de ello **(Génesis 42:24)**

El relato bíblico está dentro de lo que consideramos normal. La impotencia vivida por este hombre lo llevó a llorar desesperadamente. El encuentro soñado por años se hizo realidad, por fin podía ver a aquellos malhechores que tanto daño le habían causado. Sin embargo, observe como vuelve a ver otra vez a sus hermanos y ya no presenta el mismo sentimiento.

Vosotros pensasteis hacerme mal, pero Dios lo torná en bien para que sucediera como vemos hoy, y se preservara la vida de mucha gente **(Génesis 50:20)**

José tuvo la capacidad de liberarse de la historia que lo vinculaba a la victimización. A través del perdón se liberó de las cadenas sentimentales que le producían emociones como la rabia, odio, dolor y muchas más. Además, pudo trascender y ver la vida desde otro ángulo, cambió la percepción de lo vivido. Una vez visto desde otra perspectiva cambió el significado de lo sucedido y su manera de narrarlo. José a partir de esos momentos comenzó a contar la misma historia, pero desde otra narración, lo que provocaba otras emociones y otros estados de ánimo.

Al igual que José, cientos de personas nos demuestran que es posible reeditar nuestras historias personales.

Estado de ánimo

Desde ese continuo vivir formado por circunstancias o situaciones, más nuestra propia emocionalidad, añadiendo nuestro marco de verdad y la forma en la que construimos nuestros relatos, es como se crean los estados de ánimo.

Entendemos por estado de ánimo a los estados emocionales de larga duración y de poca intensidad. Como indica Thayer (1998), "es una sensación de fondo que persiste en el tiempo. Normalmente, apenas percibimos nuestros estados de ánimo, pero, algunas veces, pueden llegar a ser muy intensos e insoportables". Es de descarta que los estados de ánimos de se caracterizan por la relación causa-efecto, no existe una relación causal directa, como ocurre con las emociones. El estado ánimo que tenga la persona lo predispone para la experiencia emocional. Sirva de ejemplo el hecho de que una persona esté irritable, posee las condiciones para vivir con mayor intensidad la emoción de la ira.

- EMOCIONALIDAD -

DIFERENCIAS	EMOCIÓN	ESTADO DE ÁNIMO
Fuerza	Mucha intensidad	Menor intensidad

Sensaciones más difusas |
| Duración | Poco duradera en general | Bastante duradera

(de minutos a horas) |
| Causas | Puntuales y explícitas

Motivos claros | Motivos difusos de naturaleza biopsíquica |
| Componente dominante | Neurofisiológico | Físico, psíquico, ambiental y espiritual |
| Controlabilidad | Muy difícil o escasa | Más manejable |

- **Figura:** Comparación entre emoción y estado de ánimo.
- **Fuente:** Thayer, R. 1998.

La creencia popular es que las personas tienen un determinado estado de ánimo en base a los resultados que obtienen en la vida. Este tipo de creencia le atribuye un "locus de control" externo, lo que deja a los seres humanos en manos de las circunstancias. Sin embargo, esta creencia no es absolutamente verdadera, ya que se sabe que la energía vital, la salud, el sueño, el tipo alimentación, los estilos de pensamientos, el ejercicio corporal y muchas otras cosas contribuyen a la formación del estado de ánimo.

Los estados de ánimos están íntimamente relacionados con los estilos de vidas. Si la forma de enfocarse en la vida está enfocada desde el optimismo, se estará predispuesto para sacar el máximo provecho a cada situación que la vida nos depara. Pero si por el contrario, si el pesimismo es el estilo dominante, la predisposición hacia el fracaso está servida.

Las personas confunde ser un iluso con tener una actitud optimista. Optimismo significa plantarse ante las dificultades de la vida, siendo conscientes que, con el esfuerzo necesario, podemos dar una solución creativa para el logro de nuestras metas. Es estar convencido que poseemos las fuerzas necesarias y la capacidad para salir fortalecidos de cualquier dificultad. Pablo de Tarso fue un ejemplo cuando dijo:

Todo lo puedo en Cristo que me fortalece (Filipenses 4:13).

Precisamente, el momento que vivía Pablo en esos momentos no eran los más favorable, estaba preso en una cárcel donde se podía esperar lo peor. Pero como una persona llena de optimismo está más que convencido que todo lo puede.

- **Figura:** Copas media llena o media vacía
- **Fuente:** Russek, S. 2007.

CAPÍTULO 7:
EMOCIÓN Y PERCEPCIÓN

Mapas de la realidad

A diferencias de otros seres, los humanos poseemos la capacidad de tener noción del tiempo. Podemos hablar del pasado, presente y futuro. Por lo tanto, somos conscientes de nuestro presente, podemos recordar nuestro pasado; pero, por si fuera poco, podemos imaginar nuestro futuro.

El diseño con el que ha sido creado el ser humano lo hace único en el planeta tierra. Además de compartir semejanza con otros seres vivo, poseemos la capacidad de ser autoconsciente y auto-determinante. A diferencia de los animales, con los que podemos compartir una misma estructura cerebral, el cerebro límbico, ellos tienen emociones, pero no son conscientes de sus estados emocionales.

Nosotros los humanos, no solo disponemos de emociones; sino que además podemos vivirlas desde el conocimiento, contárnosla y contárselas a nuestros semejantes. Entre múltiples cosas, eso se debe a la capacidad que poseemos de tener una representación de la realidad. Es precisamente esa forma tan peculiar que tenemos de ver las cosas la que nos hace tener nuestros propios mapas mentales.

La construcción de nuestros mapas mentales es lo que nos permite tener unos elementos que convergen creando un sistema de pensamiento. Esos pensamientos que están íntimamente ligado forman nuestra mentalidad, que no es otra cosa que la capacidad de ver la vida de una determina forma. La mentalidad o mapa mental son los medios con los que nos guiamos para interactuar en el medio. Si bien como seres vivos estamos dotados de unas emociones que nos garantizan la supervivencia sin la necesidad de la capacidad cognitiva (conocimiento). Como seres pensantes, durante todo el trayecto de nuestra existencia, vamos dotando de sentido nuestras vivencias, a las medidas que vamos construyendo nuestra propia forma de ver la vida.

La construcción de los mapas mentales

Los mapas que orientan nuestros comportamientos están construidos desde lo que consideramos nuestras verdades, mentiras, lo que creemos que es bueno o malo; en fin, nuestros valores, argumentos, creencias y tantos baluartes mentales que dotan de significado nuestra existencia.

Es precisamente en el proceso de socialización donde construimos los marcos orientativos para nuestra vida en cuanto a ser social. Esta serie de suceso se conoce como socialización. La cual es un aprendizaje que nos habilita para la vida social. En pocas palabras, consiste en la adquisición e interiorización de habilidades, creencias, normas y costumbres de la cultura en la que hemos nacido.

Gracias a que los humanos poseen la capacidad de crear y comunicarse a través de símbolos, no solo pueden hablar; sino que además pueden escribir. Es precisamente a través del lenguaje verbal, no verbal, escrito, simbólico, etc. por lo que se ha construido la realidad social. A su vez, es el medio por el que se puede transmitir de una generación a otra.

Los mapas mentales, dada la peculiaridad humana, se transmiten de unos a otros. Por lo que la forma de entender la vida es heredada de padres a hijos, así sucesivamente.

La teoría del constructivismo es el fruto de investigaciones de distintas ramas del saber como son la Psicología y la Pedagogía. Entre sus teóricos destacan Piaget (1952), Vygotsky (1978), Ausubel (1963), Bruner (1960), a pesar de que ninguno de ellos se denominó así.

Su premisa principal es: *"nada viene de nada"*. En resumidas cuentas, el conocimiento previo da a lugar al nuevo conocimiento. Lo que se aprende es integrado a experiencias anteriores, a las estructuras mentales o mentalidades que cada individuo posee. La nueva información es asimilada y colocada en una red de conocimientos y experiencias que existen previamente en la persona. Se trata de un proceso que cada ser humano va ampliando a la medida de las experiencias que vive. (Abbott, 1999).

Si tradicionalmente se había creído que el conocimiento era la trasmisión de una copia idéntica de la realidad, a raíz del constructivismo, se comienza a entender que es una construcción del ser humano. La cual se realiza desde los esquemas que las personas poseen, o sea, los conocimientos previos, que no son otras cosas que los que ya ha ido construyendo en su relación con el medio que lo rodea.

Esta construcción se hace constantemente, todo el tiempo independiente a los contextos. Por lo que las personas vivimos asimilando conocimiento, construyendo nuestra propia realidad de ver la vida.

El modelo constructivismo está centrado en la persona, en sus experiencias previas, desde las cuales realiza nuevas construcciones mentales. Dicha cimentación se hace cuando el ser humano interactúa con el objeto de que produce el conocimiento, según Piaget; cuando esto se hace en relación con sus semejantes, expresa Vygotsky; y cuando es significativa para la persona, dice Ausubel (Mercado, 2011).

Percepción

Siguiendo a definicion.de (2015), la percepción "es tener la capacidad para recibir mediante los sentidos las imágenes, impresiones o sensaciones externas, o comprender y conocer algo". Cuando se habla de percepción es necesario tener en cuenta que es un proceso biocultural, ya que, por un lado, está vinculada a los estímulos físicos y sensaciones. Pero, por otro, están involucradas la selección y organización de dichos estímulos y sensaciones.

A la medida que los seres humanos reciben estímulos, a través de sus perceptores, simultáneamente van dando sentido e interpretando lo que están viviendo. Sin embargo, la manera de entenderlos está impregnada de su formación cultural e ideológicas (Vargas Melgarejos, 1994). Por lo que existe un mundo físico, que proporciona la energía física, la cual es la base de estimulo que los seres vivos pueden percibir, no obstante, además de la información estimular y contextual, intervienen las experiencias previas, las motivaciones, inferencias, expectativas, etc., añadiendo un plus de información en la construcción del mundo perceptual (Aznar-Casanova, 2010).

La percepción se basa en un doble proceso externo-interno. Si bien es cierto que depende de estímulos externos; no se puede ignorar las características personales como pueden ser las motivaciones, expectativas, recuerdos, creencias, etc. A continuación, se pondrán unas figuras para poner a prueba la capacidad de percibir.

- **Figura.** ¿Joven o anciana?
- **Fuente:** Cáceres, A. 2010.

Generalmente el 50% de las personas ve una anciana, con sus ojos mirando a la izquierda. El otro 50 % de las personas ve una mujer joven, mirando hacia atrás.

- Figura. ¿Caras?
- **Fuentes:** Bruce Goldstein, E. s/f.

La percepción es una actividad cognitiva, es decir, un proceso que tiene lugar en el cerebro neocórtex y la mente. Ésta última como base fundamental y el cerebro racional como la parte instrumental. Por lo que las sensaciones dotadas de sentido que se captan del ambiente son interpretadas y organizadas.

Entre sus características destacan (I.E.S. JM Blecua, s/f):

- **Un proceso constructivo** el cual depende, por un lado, de las características de este (ruido, olor, etc.); pero otro, de las experiencias socioculturales y afectivas de la persona que la percibe.

- **Un proceso de información-adaptación al ambiente**, ya que el objetivo de la percepción es dotar de sentido a la realidad que se vive: Para que así, se pueda facilitar la información sobre el mundo lo que permite que nos podamos adaptar.

- **Un proceso selectivo**, como la información que recibimos es excesiva y los recursos que disponemos limitados, a través de la percepción nos concentramos en aquello que consideramos importante.

Emoción y percepción

Las emociones están presentes en cada acto humano, por lo tanto, no se pueden separar; sino más bien, distinguir en relación contras dimensiones humanas.

La emoción es un proceso multidimensional cuya finalidad es reclutar y coordinar al resto de los procesos psicológicos, fisiológicos y motivacionales cuando determinadas condiciones de la situación exigen una respuesta rápida y efectiva para ajustarse a los cambios producidos en el medio ambiente.

En base a lo expuesto, se puede decir que las emociones alteran al resto de procesos psicológicos, fisiológicos y motivacionales cargando de afecto la percepción, dirigen la atención, activan la memoria, movilizan cambios, planifican acciones, etc.

Sin necesidad de intentar de resolver el acertijo ¿quién fue antes el huevo o la gallina? Podemos decir que la relación entre las emociones y las percepciones son un camino de doble vía, donde ambas se retroalimentan. Es decir, lo que percibimos nos emociona; pero a su vez, los estados emocionales que vivimos condicionan nuestra capacidad de percibir.

Si aceptamos como válidas las ideas en torno a la percepción y las teorías del constructivismo, podremos llegar a la conclusión que nuestra peculiaridad de ver las cosas está condicionada por cómo pensamos (cogniciones) y sentimos (emociones); lo que deriva a nuestra forma de comportarnos. Pero que, a su vez, la conducta retroalimenta nuestra forma de pensar, sentir y actuar.

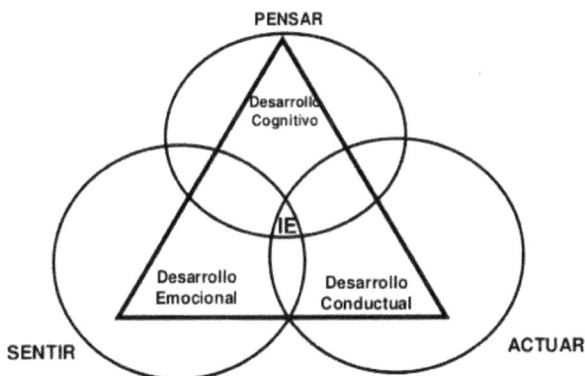

- **Figura:** Pensar, sentir, actuar.
- **Fuente:** Ibarrola, 2013.

Jesús dijo:

La lámpara del cuerpo es el ojo; así que, si tu ojo es bueno, todo tu cuerpo estará lleno de luz (**Mateo 6:22**)

El Maestro por excelencia reveló como es el proceso perceptivo del ser humano a las personas que vivieron en los días de peregrinaje terrenal. Jesús adopto los términos acordes al conocimiento de la época, haciendo uso del lenguaje metafórico, les enseñó que la luz que puede haber en el interior de una persona es cuestión de su capacidad perceptiva. La imagen mental que se configura de los estímulos que emite el ambiente, está impregnada de la condición integral del ser humano.

En pocas palabras, el Maestro lo que dejo claro es que, si hay luz en la capacidad de percibir, todo el interior estará lleno de ella. Por el contrario, si la percepción está condicionada por las tinieblas, todo lo que se perciba estará condicionado por ella. Jesús dijo:

Porque de adentro, del corazón de los hombres, salen los malos pensamientos, fornicaciones, robos, homicidios, adulterios, avaricias, maldades, engaños, sensualidad, envidia, calumnia, orgullo e insensatez... (Marcos 7:21).

El mapa no es el territorio

Esta frase celebre tiene como origen al lingüista Alfred Kozyloski, padre de la neurolingüística. Según cuenta, durante la Primera Guerra Mundial, el escuadrón al que pertenecía cayó inesperadamente en un hoyo que no aparecía en el mapa que le habían dado. Como es obvio, la realidad terrestre no estaba íntegramente representa en aquel mapa. Esta metáfora ha servido de slogan para que la Programación Neuro-Lingüística (PNL) (Jiménez, 2012).

Como bien enseña dicha metáfora, una cosa es el mapa; y otra similar o muy distinta es el territorio. El ser humano hace uso de sus mapas mentales los cuales son filtros por los cuales ven, sienten, escuchan y perciben. Esas representaciones mentales están impregnadas de subjetividad de nuestras creencias, valores, verdades implícitas, estados de ánimos y demás. Por lo tanto, a la medida que nuestros mapas se ajusten a la realidad serán los resultados que obtengamos para guiar nuestros pasos. Pero como todo está continuamente cambiando, en el caso que no ajustemos nuestros mapas, estaremos evocados al fracaso (Jiménez, 2012).

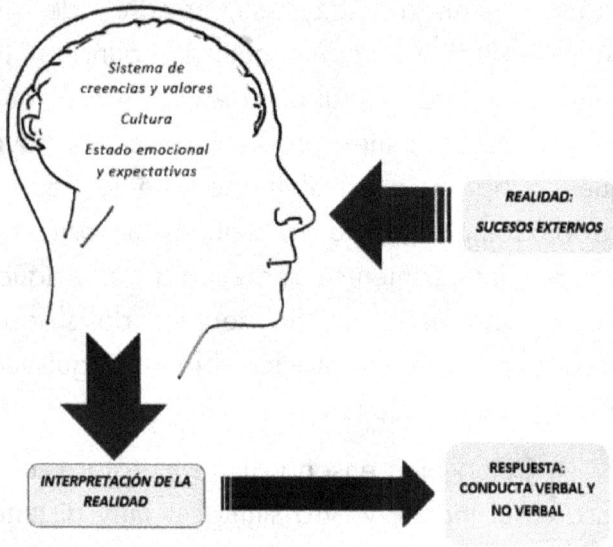

- **Figura.** Filtros mentales.
- **Fuente:** Ribes, 2015.

CAPÍTULO 8:
INTELIGENCIA EMOCIONAL

Hace décadas era impensable que a finales del siglo XX se fuera a escribir tantísimos libros en entorno a las emociones. Uno de los títulos más sonados ha sido "*Inteligencia Emocional*", cuyo autor es Daniel Goleman. Sin dudas, la obra de Goleman ha dado la divulgación necesaria a un tema de suma importancia.

Se puede estar más o menos de acuerdo con las ideas, pero de lo que no cabe dudas es de su aportación al mundo del conocimiento de las emociones. Si de algo puedo no estar de acuerdo, a lo igual que la mayoría de los científicos actuales, es de sus creencias neodarwinianas, pero por lo demás, creo que ha aportado otras perspectivas de la conducta humana.

Contexto en el que aparece la Inteligencia Emocional

La teoría de Gardner, Inteligencias Múltiples, ha supuesto un cambio de paradigma en el mundo de las ciencias sociales y demás. Una vez derrumbado el baluarte de la inteligencia bidireccional, aparecen en escena otras ideas que han dado otra perspectiva al modo de entender la inteligencia.

El artículo científico de Salovey y Mayer, Emotional Intelligence, sale a la luz en 1990, a pesar de ser el primero, no tuvo la importancia que tuvo cinco años después, 1995, la obra divulgada por Goleman. Si bien es cierto que los que acuñaron por primera vez la idea fueron Salovey y Mayer; la divulgación ha sido obra de Goleman.

Para Mayer y Salovey (1997 p. 4) la inteligencia emocional es:

La habilidad para percibir, valorar y expresar emociones con exactitud, la habilidad para acceder y/o generar sentimientos que faciliten el pensamiento; la habilidad para comprender emociones y el conocimiento emocional y la habilidad para regular las emociones proviniendo un crecimiento emocional e intelectual.

De la definición de Mayer y Salovey se desprenden las siguientes premisas:

- "La habilidad para percibir, valorar y expresar emociones con exactitud".

Las personas poseen las capacidades de ser conscientes de qué estados emocionales viven; además, por medio de la observación pueden inferir como se sienten sus semejantes, ya que el lenguaje no verbal y verbal revela el estado emocional. Por si cuera poco, además, los seres humanos pueden expresar lo que sienten, y percibir la sinceridad de las otras personas cuando los expresan.

- "La habilidad para acceder y/o generar sentimientos que faciliten el pensamiento".

Las emociones tienen la capacidad de influenciar sobre el pensamiento, al punto que lo modela, haciendo que la atención se dirija hacia lo que la ha activado. Por lo que se puede decir, que las emociones son un condicionante para dar prioridad al pensamiento. Miles de sucesos ocurren en nuestro entorno, pero lo que nos emociona atrae nuestra atención.

Esto puede ser para bien o mal, depende lo inteligente que seamos emocionalmente. Una persona con un alto nivel de inteligencia emocional, en el caso de ser consciente de la activación de una emoción que produce malestar, la experimenta, la vive; pero no la mantiene en el pensamiento rumiándolo. Es precisamente ese proceso de atención el que activa un estado emocional tóxico. Al respecto, el apóstol Pablo dijo:

"Airaos, pero no pequéis; no se ponga el sol sobre vuestro enojo" **(Efesios 4:26).**

Sin embargo, una emoción que atrae la atención hacia lo creativo, lo bueno, lo justo... es generadora de las mejores ideas capaces de hacer que la humanidad avance y progrese. Las grandes ideas se han desarrollado por personas que han fluido emocionalmente en lo que las apasionan.

- "La habilidad para comprender emociones".

Conocer las emociones nos da la posibilidad de cambiar las decisiones que tomemos. El famoso psiquiatra Víctor Frankl dijo: "Entre el estímulo y la respuesta hay un espacio. En ese espacio se halla nuestro poder de elegir la respuesta. En nuestra respuesta se basa nuestro crecimiento y nuestra libertad".

Es ese espacio que transcurre entre el estimulo y como contestamos en el que se puede ser consciente de las emociones. En el caso de ignorarlas, el tiempo que pasa es mucho menor. Sin embargo, cuando somos capaces de reconocer en qué estado emocional nos encontramos, podremos evitar las reacciones que más tardes nos arrepentiremos.

* "La habilidad para regular las emociones"

Si una persona desarrolla las habilidades para comprender e identificar sus propias emociones, ha dado con una de las claves para poder hacer un uso adecuado de las mismas. No hay nada que nos haga sentir más vivos que las emociones. Como se ha dicho anteriormente, las emociones en sí no son buenas ni malas, son emociones y sin ellas no seríamos humanos. No se trata de aniquilarlas ni de reprimirlas; de lo que se trata es de hacer un uso inteligente de las mismas. Tenemos emociones; no podemos permitir que las emociones nos tengan. Las emociones reguladas nos permiten vivir. Pero si ellas tienen el control, terminaremos malviviendo y sufriendo.

La Inteligencia Emocional según Goleman

Según Goleman (1996), la inteligencia emocional puede dividirse en dos áreas:

- **Inteligencia intrapersonal:** Capacidad de formar un modelo realista y preciso de uno mismo, teniendo acceso a los propios sentimientos y a usarlos como guías en la conducta.
- **Inteligencia interpersonal:** Capacidad de comprender a los demás; qué los motiva, cómo operan, cómo relacionarse adecuadamente. Capacidad de reconocer y reaccionar ante el humor, el temperamento y las emociones de los otros.

Para Goleman (1996, pp. 43-44), la Inteligencia Emocional consiste en:

1. Conocer las propias emociones.
2. Manejar las emociones.
3. Motivarse a sí mismo.
4. Reconocer las emociones de los demás
5. Establecer relaciones.

La Inteligencia Emocional según Bisquerra

El catedrático de Orientación Psicopedagógica en la Universidad de Barcelona (UB), Rafael Bisquerra Alzina (2011, p.12. En Bisquerra, Punset, Eduard, Mora, & Garcia, 2011) responde a la pregunta: ¿Qué es la Inteligencia Emocional?:

A grandes rasgos podríamos decir que es la habilidad para tomar conciencia de las propias emociones y de las demás personas y la capacidad para regularlas. La conciencia emocional es el requisito para poder pesar a la regulación. La autorregulación emocional consiste en difícil equilibrio entre la impulsividad y la represión. Ambos extremos pueden ser igualmente perjudiciales.

Es precisamente ese punto medio que nos hace ser personas con equilibrio. Como diría Aristóteles, el "*justo medio*". Que no es otra cosa que buscar, como seres integrales, la medida entre el exceso y el defecto. En pocas palabras vivir moderadamente. Reiterando las palabras de Bisquerra, "*ambos extremos pueden ser perjudiciales*".

Por otra parte, destaca que, a la misma vez que podemos regular nuestras emociones, además, es posible regular las emociones de los demás (Bisquerra, Punset, Eduard, Mora, & Garcia, 2011). Es decir, dado que nuestros comportamientos tienen la capacidad de influir en otras personas. A modo que de una manera indirecta, podemos hacer que las personas que interactúan con nosotros puedan tener estados emocionales facilitadores o bloqueadores, constructivos o tóxicos.

Del déficit a las competencias.

Como se ha podido apreciar, la inteligencia emocional es el resultado de una serie de competencias las cuales las personas pueden ir desarrollando a lo largo de su existencia. Por lo que resalta la transcendencia del desarrollo de estas, ya que están presentes en cada esfera que nos movemos como seres humanos.

Se necesita un manejo eficaz e eficiente de las emociones con todo lo que forma nuestro entorno, ya sean que nuestros hijos, amigos, compañero/as de trabajo, vecinos...

en fin, no hay una experiencia cotidiana que no implique a nuestra dimensión emocional.

El mayor desafío con el que nos encontramos es el desarrollo integral que nos merecemos y se merecen nuestros semejantes como seres humanos. Como indica Ibarrola (2011, p. 3):

La educación tradicional también se ha centrado más en el desarrollo cognitivo y en la regulación conductual de los alumnos, olvidando casi de forma generalizada la dimensión emocional del ser humano, de tanta importancia para su vida personal y en sus relaciones con los demás.

Mientras prevalezca el desarrollo cognitivo únicamente, se estará perpetuando el paradigma del déficit, donde todo se centra en identificar los problemas, las dificultades, errores, factores de riesgos, trastornos y muchas ideas más que existen en su entorno.

Un cambio de paradigma urge, se trata de dar el salto del déficit al desarrollo de competencias. Entre las que destacan las vinculadas a la inteligencia emocional como son:

- El conocimiento y el manejo de las propias emociones
- El reconocimiento y manejo de las emociones de los demás.
- Automotivación.
- La empatía.
- La tolerancia a la frustración
- El optimismo
- El sentido del humor.

BIBLIOGRAFÍA

- Bisquerra, R. (2000) *Educación emocional y bienestar*. CISSPRAXIS, Bilbao, España.
- Bowlby, J. *El apego y la perdida*. Editorial Paidos Barcelona 1998
- Bunge, M. (1973). La ciencia, su método y filosofía. Siglo XX.
- Bruce Goldstein, E. (2006). *Sensación y percepción* (6° edición). Thomson.
- Cardinalli, D. s/f. *Manual de Neurofisiología*. Sexta edición
- Caruso, D., y Salovey P. (2005). *El directivo emocionalmente inteligente*. La inteligencia emocional en la empresa. Algaba.
- Doble Equipo, 2016. *Autodeterminación y Autismo*. Recuperado el 02 de septiembre de 2016 de http://www.dobleequipovalencia.com/autodeterminacion-autismo-familias/
- Jensen, E. (2004). Cerebro y aprendizaje: competencias e implicaciones educativas. Ed. Nercea,
- Maturana, H. (1991). Emociones y Lenguaje en Educación y Política. Santiago: Dolmen Ediciones.

- Mayer, J.D. y Salovey, P. (1997). What is emotional intelligence? In P. Salovey& D. Sluyter (Eds). *Emotional Development and Emotional Intelligence: Implications for Educators* (p. 3-31) Nueva York: Basic Books.
- Punset, E. (2012). *El cerebro y emociones* [Video]. Disponible en https://www.youtube.com/watch?v=7231xkml9ql
- Ruiz, R. 2016. *¿Cuál es la diferencia entre emociones y sentimientos?* Recuperado el 30 de agosto de 2015 de: http://www.lifeder.com/diferencia-emocion-sentimiento/
- Sorabji, R. (2002), Emotion and Peace of Mind: From Stoic Agitation to Christian Temptation, Oxford University Press
- Souza-Barcelar, L. *"Estudio de las emociones: una perspectiva transversal ",* en Contribuciones a las Ciencias Sociales, diciembre 2011, www.eumed.net/rev/cccss/16/
- Thayer. R. 1998. El origen de los estados de ánimo cotidianos. Editorial Paidós.